O GUIA MONTESSORI

PARA CRIANÇAS DE 3 A 6 ANOS

© TG Edition
All rights reserved.

Copyright da tradução e desta edição © 2024 by Edipro Edições Profissionais Ltda.

Título original: *The Montessori Book For Kindergarten and Preschool: A Practical Guide for Parents to Raise Independent and Confident Children*. Publicado originalmente pela TG Edition, em 2023. Traduzido a partir da 1ª edição em inglês.

Todos os direitos reservados. Nenhuma parte deste livro poderá ser reproduzida ou transmitida de qualquer forma ou por quaisquer meios, eletrônicos ou mecânicos, incluindo fotocópia, gravação ou qualquer sistema de armazenamento e recuperação de informações, sem permissão por escrito do editor.

Grafia conforme o novo Acordo Ortográfico da Língua Portuguesa.

1ª edição, 2024.

Editores: Jair Lot Vieira e Maíra Lot Vieira Micales
Coordenação editorial: Karine Moreto de Almeida
Tradução: Daniel Moreira Miranda
Preparação de texto: Maria Fernanda de Souza Rodrigues
Revisão: Fernanda Godoy Tarcinalli
Diagramação: Aniele de Macedo Estevo
Adaptação de capa: Ana Luísa Regis Segala
Imagens: Natalia D – Depositphotos (capa); Daka – Pexels (p. 4); cottonbro studio – Pexels (p. 6, 91 e 124); CR – iStock (p. 8); Anastasia Shuraeva – Pexels (p. 13, 39 e 63); rawpixel.com – freepik.com (p. 14); Tatiana Syrikova – Pexels (p. 17 e 18); Alycia Hicks – Pexels (p. 23); Tara Winstead – Pexels (p. 31); Artem Podrez – Pexels (p. 33); freepik – freepik.com (p. 55 e 122); Vlada Karpovich – Pexels (p. 61)

Dados Internacionais de Catalogação na Publicação (CIP)
(Câmara Brasileira do Livro, SP, Brasil)

Stampfer, Maria

O guia Montessori para crianças de 3 a 6 anos : estimule curiosidade, responsabilidade e autoconfiança / Maria Stampfer ; tradução Daniel Moreira Miranda. – São Paulo : Caminho Suave, 2024.

Título original: The Montessori book for kindergarten and preschool

Bibliografia.

ISBN 978-65-86742-40-4 (impresso)
ISBN 978-65-86742-41-1 (e-pub)

1. Atividades lúdicas 2. Brincadeiras 3. Crianças – Desenvolvimento 4. Educação de crianças – Participação dos pais 5. Educação infantil 6. Método Montessori de Educação I. Título.

24-218021   CDD-371.392

Índice para catálogo sistemático:
1. Método Montessori : Educação : 371.392

Eliane de Freitas Leite – Bibliotecária – CRB-8/8415

Caminho Suave Edições
São Paulo: (11) 3107-7050 • Bauru: (14) 3234-1421
www.caminhosuave.art.br • edipro@edipro.com.br
@editoracaminhosuave

O livro é a porta que se abre para a realização do homem.
Jair Lot Vieira

O GUIA MONTESSORI

PARA CRIANÇAS DE 3 A 6 ANOS

ESTIMULE CURIOSIDADE,
RESPONSABILIDADE
E AUTOCONFIANÇA

~

MARIA STAMPFER

Tradução:
Daniel Moreira Miranda

Caminho Suave
edições

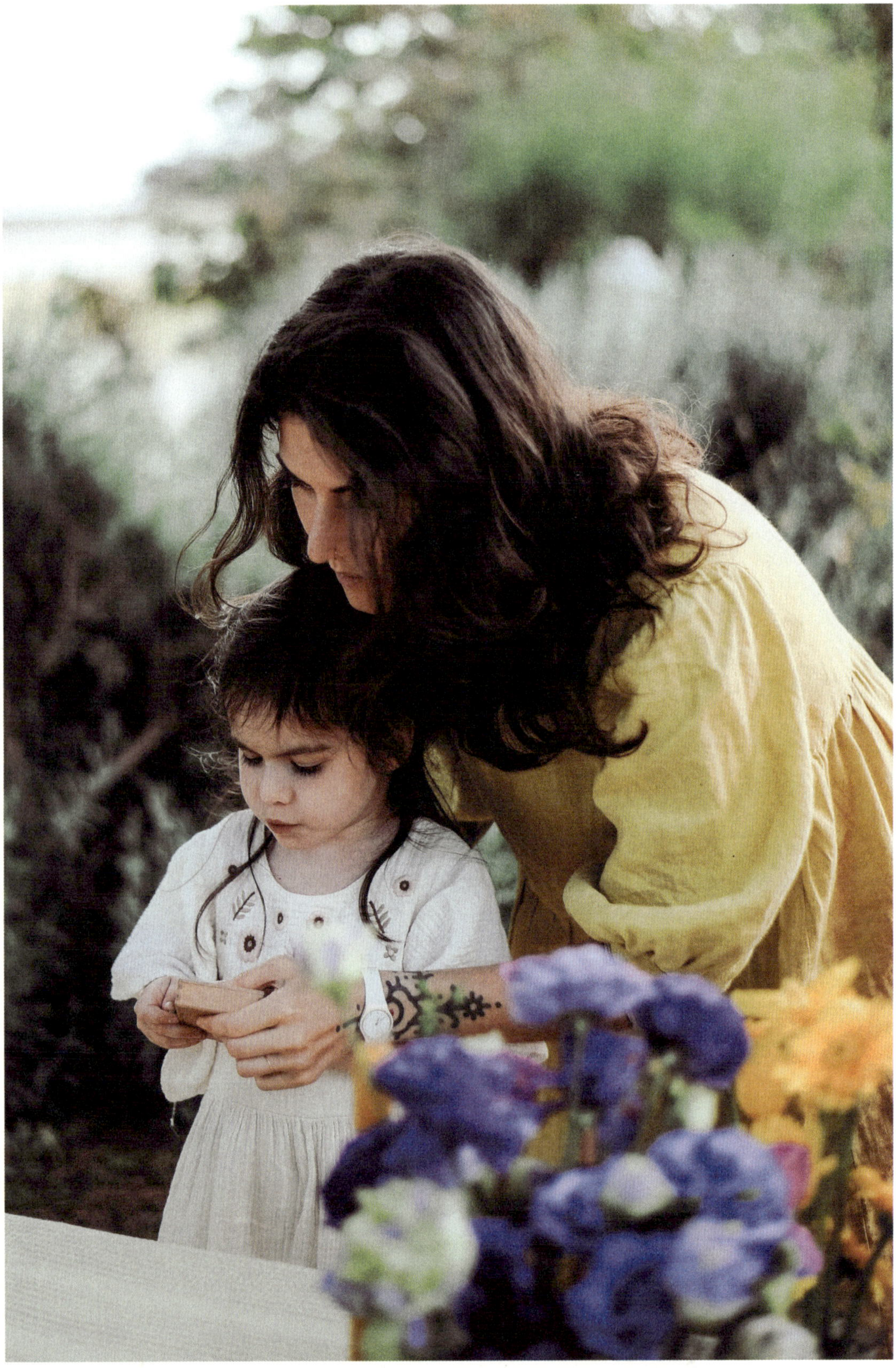

SUMÁRIO

7 PREÂMBULO

9 INTRODUÇÃO
   Resumo histórico **10**
   Fundamentos do método Montessori **12**
   Montessori em casa **15**
   O conceito Montessori **19**
   Uma visão geral do desenvolvimento da linguagem **21**
   Noções montessorianas básicas **22**
   Incentivo à linguagem em casa **23**
   Matemática **24**
   Educação sensorial **24**
   Atividades da vida diária **25**
   Perguntas e respostas **26**

32 O DESENVOLVIMENTO DA CRIANÇA AOS TRÊS ANOS
   Educação Cósmica **34**
   Habilidades motoras finas **40**
   Linguagem e leitura **42**
   Raciocínio matemático e lógico **48**
   Treinamento sensorial **53**
   Atividades da vida prática **56**

62 O DESENVOLVIMENTO DA CRIANÇA AOS QUATRO ANOS
   Educação Cósmica **64**
   Habilidades motoras finas **70**
   Linguagem e leitura **72**
   Raciocínio matemático e lógico **77**
   Treinamento sensorial **82**
   Atividades da vida prática **86**

90 O DESENVOLVIMENTO DA CRIANÇA AOS CINCO ANOS
   Educação Cósmica **92**
   Habilidades motoras finas **99**
   Linguagem e Leitura **102**
   Raciocínio matemático e lógico **108**
   Treinamento sensorial **113**
   Atividades da vida prática **116**

123 CONSIDERAÇÕES FINAIS
   Referências **126**

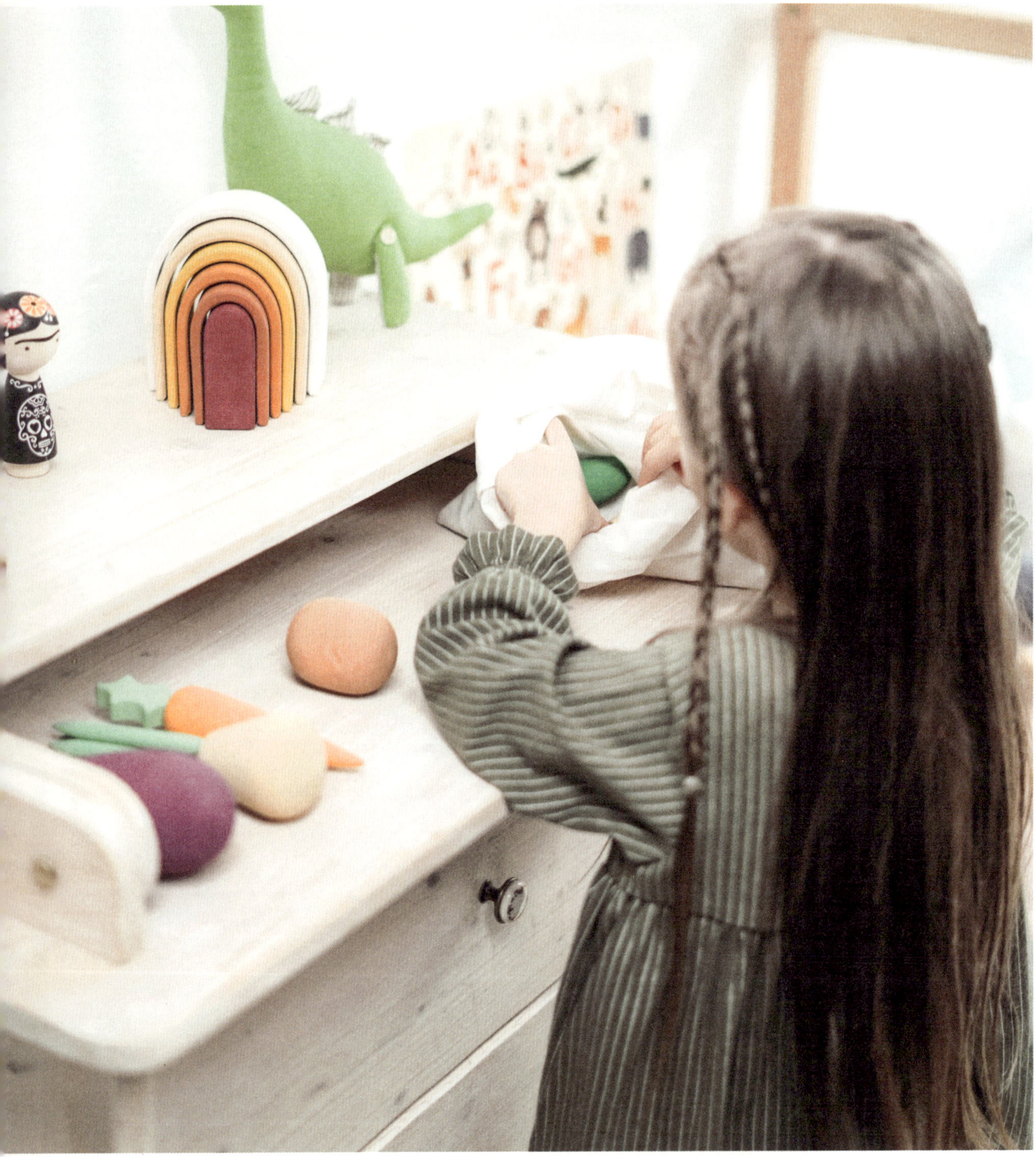

PREÂMBULO

Muitas famílias descobrem os materiais Montessori enquanto se preparam para a chegada do primeiro filho. Desde móbiles até chocalhos e cestas de tesouros para o primeiro ano de vida, a maioria dos pais tem experiências positivas com esses primeiros brinquedos e deseja continuar incorporando os princípios montessorianos mesmo após essa fase inicial. Embora escolas e jardins de infância que seguem o método Montessori ofereçam diversos benefícios para as crianças, nem sempre é possível matriculá-las nessas instituições. No entanto, é perfeitamente viável praticar e implementar as abordagens Montessori em casa.

O método Montessori é reconhecido por formar adultos independentes e responsáveis, buscando sempre respeitar a criança. Esse método pode ser integrado ao ambiente doméstico, independentemente do tamanho da residência ou do orçamento disponível, o que torna os princípios Montessori acessíveis a todos.

No primeiro volume deste livro, *O guia Montessori para bebês e crianças*, apresentamos sugestões de brincadeiras voltadas para crianças de até 3 anos de idade. Já este segundo volume se concentra nos anos do jardim de infância, abrangendo crianças de 3 a 6 anos. Inicialmente, são discutidos alguns fundamentos teóricos do método Montessori, fornecendo informações sobre os princípios essenciais dessa abordagem e instruções simples para aplicá-los em casa.

Na parte prática, oferecemos uma variedade de ideias de jogos e atividades organizados por faixa etária, os quais podem ser facilmente integrados ao cotidiano da família. As sugestões são de fácil implementação e, na maioria das vezes, fazem uso de materiais acessíveis. Para cada atividade, fornecemos uma lista dos materiais necessários, o tempo estimado de preparação e instruções sobre como apresentá-la à criança.

Para cada faixa etária, apresentaremos um resumo das etapas cruciais de desenvolvimento pelas quais a criança passará, oferecendo uma visão geral dos principais marcos atingidos durante esse período. Se a criança ainda não dominou algumas habilidades, não há necessidade imediata de preocupação. No entanto, se forem observados desvios significativos, é aconselhável consultar um pediatra. O entendimento das etapas do desenvolvimento infantil é fundamental para o método Montessori, pois permite ajustar as atividades de acordo com as habilidades individuais da criança.

Ao adotar o método Montessori, é possível perceber que a seleção de brinquedos das crianças mudará, assim como o seu comportamento e a dinâmica familiar. Esse método impacta todos os aspectos da educação, e pode trazer efeitos positivos para a vida cotidiana. O tempo dedicado aos materiais Montessori pode ser enriquecedor tanto para os pais quanto para os filhos. Além disso, a criança aprende comportamentos fundamentais, que podem ser reforçados diariamente. Os adultos podem assumir o papel de observadores conscientes, aproveitando os marcos de desenvolvimento das crianças para priorizar um ambiente familiar afetivo, em vez do estresse diário. O método Montessori demanda uma postura específica, ensinando aos pais e responsáveis como agir com mais tranquilidade, paciência e aceitação. No geral, a vida familiar é aprimorada de maneira duradoura, promovendo o desenvolvimento das crianças com amor e inteligência.

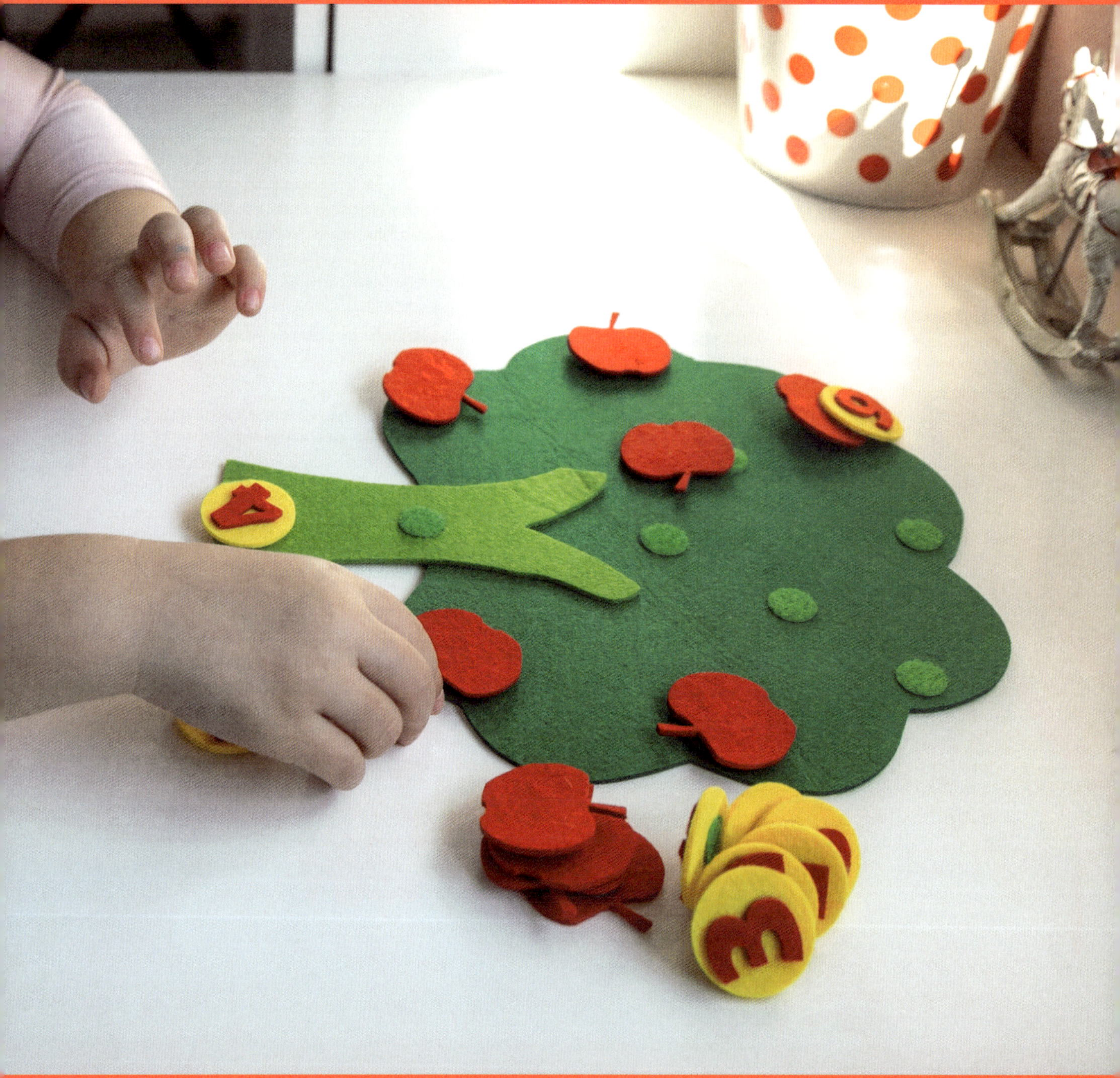

INTRODUÇÃO

RESUMO HISTÓRICO

Maria Montessori revolucionou a pedagogia do ensino infantil há mais de um século. Ela desenvolveu um programa de educação infantil sistemático e autônomo, fundamentado nas ciências do desenvolvimento psicológico e da Antropologia, ou seja, nos princípios fundamentais da natureza humana.[1]

1870

Nascida em 1870, na cidade de Chiaravalle, na Itália, Maria Montessori cresceu em um ambiente em que o pai era oficial do Ministério das Finanças e a mãe, extremamente religiosa, vinha de uma família abastada. Desde jovem, Maria era vista como uma estudante com múltiplos talentos, destacando-se especialmente em disciplinas ligadas às Ciências Naturais.

Contra a vontade de seu pai, ela optou por frequentar um colégio técnico-científico – uma escolha bastante incomum para uma mulher naquela época.[2, 3] Mais tarde, prosseguiu seus estudos em Biologia, Medicina e Matemática, enfrentando muitas provocações e hostilidades de seus colegas devido ao seu gênero. No entanto, os desafios apenas a estimularam ainda mais, e ela se destacou academicamente, tornando-se a primeira mulher na Itália a obter um doutorado em Medicina, o que gerou grande repercussão.[2, 3]

1890

Ainda jovem, Maria Montessori trabalhou em um consultório particular em 1897 e em uma clínica psiquiátrica em Roma. Foi lá que ela teve contato com crianças "deficientes", o que muitas vezes era simplesmente resultado de problemas comportamentais causados pela negligência social.[1] Uma experiência marcante para Montessori foi quando ela testemunhou algumas crianças trancadas em quartos escuros e vazios. Ela observou que essas crianças brincavam com migalhas de pão depois de comer, pois essa era sua única forma de atividade. Chocada com a situação, a médica inovadora decidiu intervir para ajudar as crianças.[3]

Maria Montessori desenvolveu seus próprios materiais didáticos, que ainda são um componente central do seu método. Esses materiais foram projetados para incentivar o aprendizado lúdico, desenvolver os sentidos das crianças e promover a iniciativa e a autonomia. Os métodos de Maria Montessori tiveram êxito: algumas crianças, inicialmente consideradas com deficiências, apresentaram desempenho comparável ou até superior a crianças da mesma idade em testes comparativos, após receberem sua instrução.[2]

Um dia, ela observou uma menina de 3 anos concentrada em tentar encaixar um cilindro em um recipiente. Mesmo estando em um ambiente barulhento e perturbador, e outras crianças tentarem repetidamente distraí-la, a menina estava totalmente focada em sua tarefa, e a repetiu mais de 40 vezes.[4] Essa observação fascinou Maria, e se tornou uma experiência crucial na história conhecida como o fenômeno Montessori.[2]

Em 1898, Maria teve um filho, cujo pai era o psiquiatra Giuseppe Montesano, seu grande amor. Os dois não se casaram porque Maria Montessori não teria condições de continuar sua profissão se o tivessem feito.[3]

1900

Após o nascimento de seu filho, em 1907, Maria Montessori liderou a recém-fundada *Casa dei Bambini* (Casa das Crianças), uma espécie de jardim de infância, localizada no bairro popular San Lorenzo, em Roma. A médica estava interessada em pesquisar a educação de crianças saudáveis para aperfeiçoar e desenvolver ainda mais seus métodos. Seu objetivo era estimular a capacidade mental das crianças com materiais que cativassem toda a sua atenção. As técnicas inovadoras de Montessori foram bem-sucedidas: ela ensinou crianças que, até então, eram negligenciadas a ler, escrever e fazer aritmética.

A "Casa das Crianças", aclamada pela imprensa como o "Milagre de Lorenzo", projetou Maria Montessori para além das fronteiras da Itália. Inspirados por esse sucesso, outros centros de educação infantil foram inaugurados em Roma e em Milão, incluindo áreas socialmente mais favorecidas.[1] Durante a sua vida, jardins de infância e escolas Montessori foram estabelecidos em diversos países, como Suíça, França, Estados Unidos, Inglaterra, Austrália e Argentina.[2] Na Alemanha, antes do movimento ser extinto pelos nazistas entre 1933 e 1934, havia um total de 24 jardins de infância e 12 escolas Montessori em funcionamento.[1]

1920

Apesar de seu compromisso com a paz mundial e com uma sociedade melhor, Maria Montessori permitiu que Mussolini a apoiasse na década de 1920 para continuar seu trabalho na Itália. Por um lado, Mussolini ocupou a cadeira honorária da *Opera Nazionale Montessori*, uma editora e instituição cultural fundada em 1924 por Maria Montessori. Em compensação, Montessori foi indicada três vezes ao Prêmio Nobel da Paz. No entanto, essa mulher notável era cheia de contrastes: embora defendesse a liberdade das crianças, não apreciava tumultos, barulhos ou fantasias. Ela era contra brinquedos convencionais que não tivessem uso educacional, embora os levasse como presentes para o filho durante suas visitas.[3]

1930

No início dos anos 1930, o apoio de Mussolini terminou, pois a visão de mundo da pedagoga e a do fascista divergiram significativamente. Com a ascensão dos nazistas, suas escolas foram fechadas em 1934, incluindo as que estavam localizadas na Itália.[3] Montessori fugiu para Barcelona e, após o início da Guerra Civil Espanhola em 1936, para Amsterdã. Com o início da Segunda Guerra Mundial, em 1939, ela foi para a Índia com a família de seu filho, onde recebeu o título de guru e permaneceu até 1946. Seu filho sempre esteve ao seu lado durante esse período. Esses foram anos de grande significado pessoal e profissional para Maria Montessori: nessa época, um movimento Montessori influente ganhou força, com a participação de seu filho Mario Montesano Montessori, que desempenhou um papel crucial no desenvolvimento da Educação Cósmica.[3]

1940

Em 1949, Montessori retornou definitivamente à Europa e se estabeleceu novamente em Amsterdã, onde faleceu em 1952. Embora com idade avançada, sua morte foi inesperada, e ocorreu em meio aos preparativos de uma viagem planejada para a África.[1]

FUNDAMENTOS DO MÉTODO MONTESSORI

Nesta etapa, ofereceremos uma visão concisa sobre os principais fundamentos do método de Montessori, cuja relevância se mantém inalterada, ou ainda mais enaltecida, na atualidade. Estudos recentes em Neurociência corroboram muitas das observações feitas por Montessori e fornecem uma base científica para elas, fundamentada no desenvolvimento cerebral. Portanto é de crucial importância seguirmos implementando e aprimorando esse modelo de aprendizagem em jardins de infância e em escolas Montessori. Em diversos países, o método Montessori tem sido incorporado ao currículo escolar público, o que evidencia sua eficácia e durabilidade no apoio aos cuidados parentais e na educação. Os princípios que sustentam esse sucesso serão esclarecidos nas próximas páginas.

RESPEITO À CRIANÇA

O método Montessori valoriza o tratamento consciente e respeitoso às crianças, considerando cada uma como um indivíduo valioso, com direito a uma educação de qualidade.[5] No método Montessori, as crianças são o foco principal. Em vez de rotulá-las como "talentosas" ou "menos talentosas", essa abordagem reconhece e valoriza a personalidade e os pontos fortes de cada criança individualmente.[6]

O PRINCÍPIO DA AUTOEDUCAÇÃO

Maria Montessori afirmava que as crianças têm um impulso natural para explorar o mundo desde o nascimento. Elas querem compreender seu ambiente, e cabe aos adultos criar um mundo que permita que a criança interaja e explore de forma independente. Os adultos têm a responsabilidade de oferecer estímulos organizados, que facilitem o desenvolvimento da personalidade da criança, ao mesmo tempo em que as protegem de influências ambientais prejudiciais. Montessori acreditava que as crianças que conseguem realizar ações sozinhas demonstram interesse em seu ambiente e expressam uma alegria genuína de viver.

De acordo com Montessori, as crianças precisam de liberdade para explorar o mundo, para que possam investigar o ambiente e agir com eficácia. Ela advogava pela liberdade de escolha da criança em suas atividades, bem como pela permissão para reconsiderar e mudar de ideia. Com base nesse conceito, Montessori desenvolveu o importante princípio do controle de erros em seus materiais, garantindo que cada atividade permita que a criança verifique seu próprio trabalho e corrija quaisquer erros. Isso satisfaz o senso de ordem da criança e a capacita a concluir suas ações de forma decisiva.[4]

"Me ajude a fazer sozinha" é o lema de todas as escolas montessorianas, onde crianças entre 3 e 6 anos de idade aprendem juntas. Maria Montessori introduziu essa frase ao compreender que era crucial que as crianças fossem incentivadas de maneira gentil, sem a interferência constante dos adultos em seus processos de descoberta.

FASES SENSÍVEIS

Montessori distingue três fases no desenvolvimento das crianças: a primeira infância (0 a 6 anos), a segunda infância (6 a 12 anos) e a adolescência (12 a 18 anos). Devido à rápida evolução durante esse período, a primeira infância é dividida em duas fases: de 0 a 3 anos e de 3 a 6 anos.[7] O guia Montessori para bebês e crianças aborda o primeiro período, enquanto este livro se concentra no segundo período.

Dentro das fases de desenvolvimento mencionadas, Maria Montessori identificou as "fases sensíveis", que constituem os fundamentos de seu método. Ela adotou essa abordagem inspirada na Biologia, e a aplicou ao desenvolvimento infantil.[8]

Segundo Maria Montessori, as fases sensíveis são períodos em que as crianças são receptivas a adquirir habilidades específicas de forma fácil, inconsciente e lúdica. No entanto, esses períodos são transitórios. Após essa fase, a receptividade diminui, e adquirir uma habilidade torna-se consideravelmente mais desafiador. Montessori sugeriu que as fases sensíveis anteriores estabelecem as bases para as subsequentes.[7] Dessa forma, ao proporcionar à criança a oportunidade de agir de acordo com a sua maturidade singular, ela aprende de maneira natural e sem grandes esforços. Se essas oportunidades fossem perdidas, e a criança não conseguisse adquirir as habilidades correspondentes, ainda seria possível chegar a essa etapa do desenvolvimento, mas a aprendizagem seria mais difícil e exigiria um pouco mais de esforço.[6]

ENTRE OS 3 E OS 6 ANOS, MONTESSORI DISTINGUE TRÊS FASES SENSÍVEIS:

Fase sensível do desenvolvimento da consciência

A criança começa a ter consciência do ambiente à sua volta. Ela faz muitas perguntas e desenvolve uma curiosidade insaciável.

Fase sensível da aprimoração de experiências anteriores

As impressões vivenciadas pela criança entre 0 e 3 anos são categorizadas e diferenciadas. Ela continua a desenvolver suas habilidades, buscando aprimorá-las. Seu vocabulário se expande, manifestando interesse pela leitura, escrita e matemática. A criança aprende a lidar com números e desenvolve um forte interesse por conexões na natureza.

Fase sensível da convivência social

A criança procura cada vez mais o contato com pessoas que não pertencem ao seu círculo familiar mais próximo. Ela interage mais com crianças da mesma idade, seja no jardim de infância ou em outros ambientes, e começa a brincar não apenas ao lado delas, mas com elas. É o momento em que as primeiras amizades começam a se formar, e em que a criança se integra a um grupo social.[9]

APRENDIZAGEM AUTÔNOMA

Como uma conclusão lógica do processo de aprendizagem inconsciente durante as fases sensíveis, Maria Montessori defendia que as crianças deveriam aprender sem influências externas. Portanto ela desencorajava recompensas, críticas ou punições às crianças por suas ações, por compreender que representavam obstáculos à motivação intrínseca da aprendizagem.[6] Maria observou que as punições exercem um impacto negativo no aprendizado, como há muito tempo foi demonstrado, e que as recompensas também não são benéficas, um tema recente nas pesquisas.[10]

Em vez disso, Montessori confiava na motivação intrínseca da criança e na alegria de aprender, o que, segundo ela, contribuiria para o desenvolvimento de uma personalidade equilibrada. Ao mesmo tempo, Montessori acreditava que isso promovia a autoconfiança da criança, permitindo que ela adquirisse novos conhecimentos de forma independente e eficaz.[6]

Um aspecto importante da aprendizagem autônoma é a polarização da atenção. Esse conceito descreve um estado em que as crianças se envolvem profundamente em uma atividade, alcançando um nível de foco elevado. Elas só saem desse estado quando repetem e internalizam a tarefa até se sentirem satisfeitas, prontas para avançar para outra atividade. Crianças que passaram por esse processo geralmente demonstram uma sensação de completa satisfação e tranquilidade após concluir seu trabalho.

MONTESSORI EM CASA

Após a apresentação dos fundamentos teóricos do método Montessori, forneceremos um guia prático para integrá-lo à vida cotidiana de cada família, com foco na faixa etária de 3 a 6 anos. Essa etapa desempenha um papel crucial no desenvolvimento infantil, e um ambiente doméstico projetado de forma pedagogicamente eficaz pode contribuir muito para o progresso da criança.

A ATITUDE INTERNA DOS ADULTOS

O método Montessori é frequentemente associado a seleções cativantes de jogos de madeira organizados em prateleiras. No entanto, ele vai além disso, e pode ser aplicado em todas as áreas de interação com as crianças. A atitude dos adultos em relação às crianças é mais significativa do que os materiais específicos disponíveis.

Encare a criança como um ser completo, respeitando sua individualidade e honrando os limites que ela estabelece, o que a permite tomar decisões sozinha. Esse é um aspecto crucial para o desenvolvimento com autonomia. Note que, por volta dos 3 anos, crianças pequenas frequentemente sentem-se sobrecarregadas com muitas opções. Nesse sentido, é benéfico oferecer para elas escolhas dentro de uma estrutura estabelecida, como apresentar duas opções. Isso pode estimular a sensação de validação e valorização. Contudo é primordial que os adultos mantenham sua responsabilidade. Embora crianças pequenas ainda não tenham maturidade para tomar decisões importantes, como administrar medicamentos por conta própria, é válido proporcionar a elas o máximo de participação possível, inclusive em assuntos triviais, como a escolha de um chapéu.

Auxilie a criança a pensar e a agir de maneira independente. Ajude-a a superar desafios em vez de evitá-los. Permita que ela siga seus interesses e aja de acordo com as suas próprias necessidades de aprendizado. Tenha confiança de que a criança seguirá seu próprio caminho.[11]

O AMBIENTE PREPARADO

O ambiente preparado é uma característica fundamental do método Montessori. É essencial que a criança possa se mover de maneira livre e independente em seu ambiente. Ela deve se sentir confortável e desfrutar do aprendizado e da atividade por conta própria.

Isso pode envolver a criação de um ambiente que encoraje a independência, onde não seja necessário constantemente proibir a criança de fazer algo. Por exemplo, em vez de repetidamente advertir a criança para ter cuidado com um vaso antigo na sala de estar, é mais eficaz realocar o vaso para um local seguro, até que a criança desenvolva responsabilidade o suficiente para brincar sem oferecer risco aos objetos frágeis.

Ao mesmo tempo, um ambiente preparado deve auxiliar a criança a alcançar a maior independência possível. Olhe a casa pela perspectiva da criança. Muitos itens que são necessários para a criança estão fora de alcance. Certifique-se de que ela tenha acesso aos brinquedos, livros e eletrodomésticos (preferencialmente em tamanhos menores). A criança deve ser capaz de lavar as mãos (com um banquinho para alcançar a torneira, se necessário) e assoar o nariz. Além disso, ela deve ser capaz de alcançar suas próprias roupas.

Um ambiente preparado pode ser tanto funcional quanto bonito. Pendure obras de arte e imagens em uma altura acessível para a criança. Coloque uma planta em uma altura que ela alcance para regar. Promova a organização e incentive a criança a ajudar na limpeza desde cedo, para que essa tarefa se torne uma rotina. A organização externa pode influenciar a interna.[12]

MATERIAIS MONTESSORI: UM GUIA PARA SELEÇÃO

A essência de um ambiente preparado, segundo Montessori, são os materiais adequados, com os quais a criança pode trabalhar de forma independente. Hoje em dia, muitas lojas oferecem esses materiais. Muitos deles também podem ser construídos em casa com recursos próprios. Nossa intenção é auxiliá-lo com isso. Independente de produzir ou comprar os materiais para as atividades, é fundamental sempre ter em mente cinco características dos materiais Montessori:[13]

I. **Isolamento da dificuldade:** Os materiais montessorianos são projetados para desafiar a criança sem sobrecarregá-la. Eles são, portanto, especialmente criados para que apenas uma propriedade material mude de cada vez. Por exemplo, se a tarefa consistir em organizar quadros de cores do claro para o escuro, esses quadros devem diferir apenas na tonalidade. A sensação, o tamanho e a textura do quadro permanecem os mesmos. Isso permite que a criança se concentre totalmente na atividade, sem distrações de estímulos secundários.

II. **Controle de erro:** Um dos objetivos do método Montessori é educar as crianças para que se tornem indivíduos independentes. Essa independência deve ser desenvolvida, entre outras coisas, por meio do trabalho com os materiais disponíveis. A criança deve ter a oportunidade de verificar se executou corretamente cada atividade. Ao associar objetos a cartões correspondentes, a verificação visual costuma ser suficiente. Os pares podem também ser marcados em sua base com um ponto da mesma cor. Com outros materiais, o controle de erros é uma característica intrínseca. Por exemplo, a criança reconhece um erro em relação aos encaixes sólidos clássicos ao notar que nem todos os cilindros têm a mesma altura.

III. **Estética:** Os materiais clássicos da abordagem montessoriana são conhecidos por serem produzidos em materiais naturais, que proporcionam uma sensação valiosa e robusta. É importante que as crianças se sintam atraídas a segurá-los e a brincar com eles. Caso haja o uso de cores, elas devem ser todas visualmente agradáveis.

IV. **Atividade:** A atividade deve ser atraente e convidativa para a criança. Ela pode e deve explorar e descobrir os materiais em profundidade. Portanto, não deve haver peças frágeis, que possam quebrar facilmente com um manuseio mais brusco.

V. **Limitação:** A atividade deve possibilitar a polarização da atenção. Estímulos de distração devem ser evitados. Assim, a criança pode trabalhar com foco e se envolver completamente na atividade.

SELEÇÃO DO MATERIAL

No ambiente preparado, é comum apresentar os materiais selecionados à criança para que ela possa acessá-los facilmente. Uma estante de madeira, com duas ou três prateleiras, é ideal para essa finalidade. Organize os materiais em uma ordem adequada, do mais simples ao mais complexo, do concreto ao abstrato. Siga a direção de leitura da esquerda para a direita: posicione o exercício mais simples à esquerda e o mais desafiador à direita.

Dê estrutura às coisas, apresentando as atividades individuais em cestos ou em bandejas. Evite bagunças. As atividades oferecidas devem incentivar a criança a se envolver atentamente com elas. Isso só terá sucesso se houver ordem. Dessa maneira, a criança será motivada a manter a ordem e a devolver uma atividade concluída ao seu devido lugar.

Ofereça os exercícios divididos em partes. Jogos de empilhar e quebra-cabeças desmontados estimulam a curiosidade da criança e a convidam a brincar. Disponha os materiais de um exercício de ordenação em duas cestas separadas, para facilitar o trabalho da criança.

Troque regularmente as atividades oferecidas. Observe cuidadosamente a criança. Se perceber que uma determinada atividade não foi realizada por vários dias, é indicado substituí-la. Se a criança ainda demonstrar muito interesse na atividade, deixe-a na prateleira. Essa abordagem permite uma resposta rápida às mudanças de interesses da criança e mantém a oferta de atividades interessantes.

ONDE É REALIZADA A ATIVIDADE?

Talvez você já esteja familiarizado com as chamadas bandejas de atividades, frequentemente recomendadas para crianças menores de 3 anos de idade, e usadas para atividades sensoriais. As bandejas de atividades têm a vantagem de manter os materiais organizados, permitindo que a criança se concentre nos materiais dentro de uma área específica.

Mesmo as crianças mais velhas, cujos materiais excedem a estrutura de uma bandeja, ainda precisam de limites claros para trabalhar com atenção e foco. Dependendo do espaço disponível, a atividade pode ocorrer de diferentes maneiras. Talvez haja espaço em sua casa para uma mesa na qual a criança possa organizar seu material de trabalho. No entanto, também é possível usar uma toalha, uma pequena manta ou um tapete como área de trabalho. Essas opções economizam espaço significativamente, e a criança pode rapidamente estabelecer sua própria área de trabalho e se concentrar em suas atividades.

Realizar atividades no chão é típico nas escolas Montessori, já que muitos materiais são grandes demais para serem utilizados em uma mesa infantil.

O PAPEL DOS ADULTOS COMO GUIAS

Um equívoco comum sobre as escolas montessorianas é que os professores têm pouco a fazer. Afinal, os materiais estão disponíveis para as crianças, e elas são incentivadas a se envolver com eles de forma independente.

Mas a realidade é mais complexa do que isso. Pelo contrário, o papel de um educador montessoriano é bem exigente. Essa responsabilidade pode ser transferida para os pais ou responsáveis em casa. Ao fornecer materiais Montessori a uma criança, é igualmente importante oferecer orientação adequada.

Maria Montessori afirmou que um educador deve "imaginar uma criança que ainda não chegou lá". Os pais devem acreditar no potencial e na capacidade de desenvolvimento da criança. Observe e fique atento aos novos interesses que possam surgir, pois eles podem indicar a fase sensível em que a criança se encontra no momento. Forneça materiais que atendam aos interesses dela, evitando direcionar suas escolhas. Se a criança não demonstrar interesse em um tema, ela não se envolverá com os materiais correspondentes. Deixe a criança ser seu guia.

Para garantir que a criança não seja submetida a desafios excessivos ou inadequados, é fundamental que os pais ou responsáveis tenham uma compreensão aproximada do desenvolvimento infantil. Ambas as situações podem resultar em frustração e estresse para todos os envolvidos. Esteja atento às fases sensíveis da criança e leve-as em conta nas ofertas de atividades.[11] Nosso objetivo é oferecer o conhecimento básico necessário para isso.

O método Montessori busca educar as crianças para serem indivíduos independentes e responsáveis. Nesse sentido, os professores Montessori devem estar disponíveis, porém em segundo plano, para abrir caminho para a independência. Isso também se aplica, de certa forma, aos pais e responsáveis. Eles devem incentivar a criança a agir de forma independente e a se envolver em atividades autônomas, conforme os exercícios que serão apresentados mais adiante. No entanto, isso não significa que a criança será deixada à própria sorte. Os pais ou responsáveis demonstram a atividade e, em seguida, convidam a criança para participar. É importante que estejam sempre disponíveis para ajudar em caso de dificuldades.

Transmita calma, motivação e gentileza. Não deixe espaço para sua própria inquietação, mesmo que a criança utilize os materiais de maneira diferente do que o planejado inicialmente. É importante que os adultos reflitam criticamente sobre si mesmos e seu papel, estando sempre abertos ao crescimento e ao aprendizado contínuo.[14]

O CONCEITO MONTESSORI

Este livro aborda seis áreas do método Montessori: educação cósmica, habilidades motoras finas, aquisição da linguagem e leitura, matemática, educação sensorial e, por fim, atividades da vida diária. Todos esses aspectos são subcampos essenciais da teoria de Maria Montessori. Enquanto a parte prática trata de atividades específicas relacionadas a essas áreas, as abordagens e o embasamento teórico são discutidos a seguir.

EDUCAÇÃO CÓSMICA

Em uma palestra pública, Maria Montessori mencionou pela primeira vez o termo "educação cósmica" em 1936. Posteriormente, durante a Segunda Guerra Mundial, ela testou sua implementação prática em escolas Montessori na Índia e continuou a desenvolver esse conceito.[15]

A educação cósmica é um princípio fundamental do método Montessori, que contextualiza o conhecimento dentro da interligação e das leis do que ela chama de "cosmos". Por cosmos, Montessori entende as leis da natureza, as inter-relações entre os seres humanos e a natureza, bem como as relações entre as pessoas.[16] O método montessoriano é às vezes criticado por apresentar tendências esotéricas, devido à educação cósmica. No entanto, isso é uma inverdade. Maria Montessori baseou suas teorias em observações de longo prazo do comportamento infantil. A educação cósmica é uma abordagem pedagógica que tem por objetivo promover a conscientização ambiental e a paz entre as crianças, por meio do estudo das interconexões entre os elementos, mas não possui qualquer ligação com práticas esotéricas.[15] Montessori acreditava que as crianças assumem automaticamente a responsabilidade por si mesmas e pelo mundo quando reconhecem as leis da natureza e entendem que tudo está interligado, entrelaçado e é interdependente.[17]

Por meio da educação cósmica, Montessori não busca apenas atingir as metas cognitivas, mas também deseja auxiliar as crianças a encontrarem seu lugar no mundo.[16] As crianças devem explorar e compreender o mundo em seu próprio ritmo, vivenciando a proximidade com a natureza, admirando os fenômenos naturais e assumindo a responsabilidade por si mesmas e pelos outros.[15]

IMPLANTAÇÃO EM IDADE PRÉ-ESCOLAR

Montessori planejou originalmente a educação cósmica para a segunda fase da vida, ou seja, para crianças de 6 a 12 anos de idade. No entanto, ela não excluiu outras fases da vida. Dos 3 aos 6 anos, durante o jardim de infância, as crianças podem se preparar para a educação cósmica. Nessa idade, elas estão interessadas principalmente em fenômenos. As conexões, as leis e os "porquês" por trás delas só se tornam relevantes durante o ensino fundamental.[15]

Entre os 3 e os 6 anos, a criança quer explorar o mundo, desenvolver sua própria percepção dele e organizar suas experiências. Ela aprende nomes de muitas coisas novas e explora a natureza com todos os seus sentidos. Quando a criança é exposta a diversos materiais e experiências da natureza, sua consciência do mundo desperta curiosidade, o que a leva a fazer muitas perguntas.

Muitos aspectos da educação cósmica são empolgantes para as crianças que estão no período pré-escolar. Comece com assuntos simples e vá progredindo para assuntos mais complexos. Pode-se abordar as necessidades básicas humanas, como roupas e alimentos, assim como explorar países diferentes, costumes locais e épocas passadas. A criança aprende sobre animais, plantas e partes do corpo, e está interessada em fazer experimentos com água, luz, ímãs etc. É possível apresentar uma nova visão global de mundo à criança, utilizando globos e quebra-cabeças de continentes, especialmente os dela. Discuta fenômenos climáticos, estações, meses e dias da semana. O universo, com seus planetas e constelações, também fascina a criança desde cedo, sem sobrecarregá-la.[17]

HABILIDADES MOTORAS FINAS

Muitas vezes supõe-se que as habilidades motoras finas se desenvolvem e se formam automaticamente nas crianças ao longo do tempo. Mesmo sem influência externa, sugere-se que a criança pode alcançar todos os marcos com facilidade. Isso às vezes leva os pais a negligenciarem essa área e a não promovê-la adequadamente.

No entanto, estudos têm demonstrado que uma boa habilidade motora fina na educação infantil está diretamente relacionada ao bom desempenho acadêmico no primeiro ano.[18] As habilidades motoras finas são essenciais para a maioria das ações cotidianas[19] e são um pré-requisito para uma boa caligrafia. Se houver déficits nessa área, podem surgir dificuldades para aprender a escrever.[19]

Os adultos devem promover as habilidades motoras finas das crianças em casa. O desenvolvimento começa cedo e, muitas vezes, crianças muito pequenas buscam inconscientemente desafios e exercícios que fortaleçam suas habilidades motoras finas. Esses pequenos movimentos musculares das mãos, dos dedos e dos punhos exigem força, destreza, controle e boa coordenação olho-mão. A preensão de pinça, que a maioria das crianças aprende no primeiro ano de vida, é um passo fundamental para uma boa motricidade fina, mas está longe de ser tudo o que devem aprender antes do ensino fundamental.[20] Outros marcos podem ser encontrados nas seções dedicadas a cada faixa etária.

Os exercícios motores finos podem ser incorporados facilmente à rotina diária. Certifique-se de que as mãos da criança estejam sempre envolvidas em atividades significativas, como brincar com Lego, abrir os botões de uma jaqueta, descascar ovos ou abrir pequenos recipientes. Compre quebra-cabeças com puxador para crianças pequenas, deixe que elas construam torres e se envolvam em atividades de pintura, recorte e colagem. Incentive-as a carregar coisas grandes, para fortalecer seus ombros, braços, pulsos e dedos.[21, 22]

AQUISIÇÃO DA LINGUAGEM E LEITURA

A alfabetização é um dos maiores bens culturais da humanidade, pois permite a participação ativa na sociedade. Mesmo crianças muito pequenas são muitas vezes atraídas pela escrita, expressam o desejo de aprender a ler ou fingem que já sabem ler.

Os pais costumam ficar surpresos com a forma como as crianças aprendem a ler usando o método Montessori. E a maioria fica ainda mais espantada quando descobre que as crianças aprendem a escrever antes de ler. Isso parece bastante improvável e incrível à primeira vista. No entanto, na verdade, faz muito sentido.

UMA VISÃO GERAL DO DESENVOLVIMENTO DA LINGUAGEM

A aquisição da linguagem e a leitura estão estreitamente relacionadas, sendo que o primeiro passo no desenvolvimento da linguagem é a linguagem falada. Os bebês são expostos a uma grande quantidade de fala e, idealmente, são inseridos na linguagem quando os pais descrevem todas as ações que realizam com eles. Isso ajuda a criança a construir um vocabulário interno, que é enriquecido e expandido ao longo dos anos seguintes.

Na próxima etapa, as crianças desenvolvem a consciência fonêmica, ou seja, a percepção dos sons. Elas passam a reconhecer sons em palavras e a associar sons às letras. Nesse ponto, já conseguem escrever ou formar palavras combinando diferentes letras. A leitura é a última fase na aquisição da linguagem.[21]

PRÉ-REQUISITOS PARA APRENDER A LER

A leitura deve ser aprendida a partir da motivação intrínseca. Somente quando a criança estiver em uma fase sensível de aprendizagem da escrita é que conseguirá fazer isso facilmente. Inicialmente, a criança deve mostrar interesse em lidar com as letras e compreender que a escrita está presente em todos os lugares.[25]

A partir desse estágio, é possível trabalhar o conhecimento das letras, permitindo que a criança identifique sons individuais e os associe às letras correspondentes. Estudos mostram que o processo de aprender a ler se torna consideravelmente mais fácil à medida que o vocabulário da criança se expande.[24]

Outro pré-requisito para aprender a ler é a capacidade narrativa da criança. Ela precisa ser capaz de recontar uma história e ter desenvolvido uma compreensão da sequência dos eventos.

O preparativo mais complexo para o aprendizado da leitura é a consciência fonológica, que permite à criança identificar e associar sons dentro de uma palavra.[23]

MATERIAL LINGUÍSTICO DO MÉTODO MONTESSORI

O material linguístico da pré-escola e do ensino fundamental Montessori pode ser dividido em cinco áreas: pré-alfabetização, escrita, leitura, gramática e estudos de palavras.[23]

Neste livro, vamos nos concentrar principalmente nas três primeiras áreas. Dos 3 aos 4 anos de idade, deve-se dar grande ênfase à pré-alfabetização para estabelecer uma base sólida para o aprendizado da leitura. Em seguida, é possível introduzir sons e letras, permitindo que as crianças comecem a ler e a escrever palavras pequenas. A gramática pode ser introduzida na pré-escola, mas é importante ressaltar que um estudo aprofundado sobre o assunto geralmente não é adequado, pois crianças dessa faixa etária ainda não possuem a capacidade de abstração necessária. Por isso, incluímos apenas um exercício sobre gramática neste livro.

Os materiais Montessori clássicos incluem as letras de lixa e o alfabeto móvel, que serão apresentados na parte prática deste livro.

NOÇÕES MONTESSORIANAS BÁSICAS

Segundo o método Montessori, existem alguns princípios básicos nos quais se baseia a aprendizagem da escrita. Esses também são aplicados na parte prática e, por isso, serão brevemente apresentados e explicados em seguida.[21]

I. Uma letra deve ser pronunciada para representar um som. Por exemplo, a palavra "mamãe" não começa com a letra "eme", mas com o som "mm". Essa abordagem é mais clara para a criança. A palavra "mamãe" dificilmente seria decodificada rapidamente se tentássemos lê-la como "eme-a-eme-ãe" em vez de "mm-a-mm-ãe".

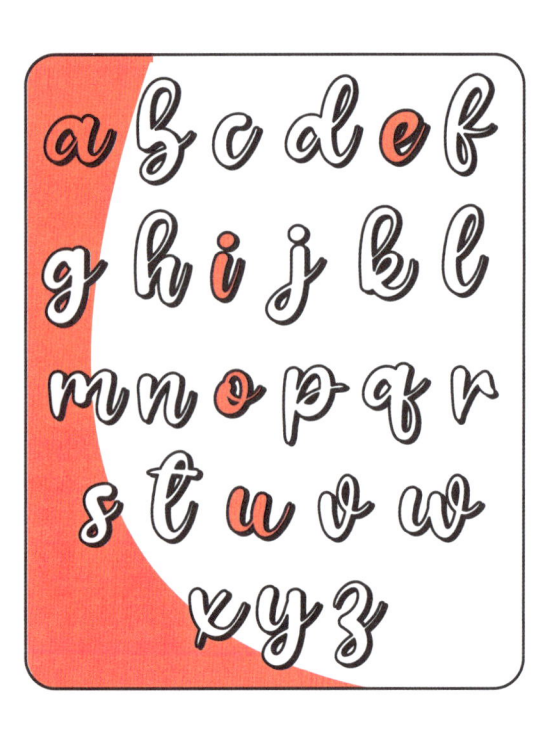

II. As crianças são primeiramente apresentadas às letras minúsculas porque cerca de 90% do texto ao nosso redor é composto por elas. Por isso faz sentido ensinar essas letras em primeiro lugar, pois as crianças têm maior probabilidade de reconhecer letras familiares em textos escritos, o que é motivador para elas.

III. As letras são escritas na forma cursiva. As letras de lixa e o alfabeto móvel são apresentados em cursiva. A letra cursiva pode ser escrita com mais fluidez e, no início da escola, evita a tediosa tarefa de ter que reaprender a escrever, partindo do estilo de letra de imprensa para a cursiva. Além disso, as letras cursivas tendem a ser mais fáceis de distinguir umas das outras, pois seus estilos de escrita são mais distintos.

IV. A escrita precede a leitura. O processo de leitura é significativamente mais complexo do que o de escrita. No ato da escrita, uma palavra é decomposta em sons, que são então combinados. Por outro lado, na leitura, a palavra escrita deve primeiro ser decomposta e, em seguida, recomposta em uma palavra. O alfabeto móvel permite que o aprendizado da escrita seja dissociado das complexas e necessárias habilidades motoras finas. A criança pode se concentrar inteiramente em formar a palavra, sem que a falta de habilidades motoras a atrapalhe.

INCENTIVO À LINGUAGEM EM CASA

Antes mesmo de ingressar na escola, há várias maneiras de ajudar a criança a construir um vocabulário extenso e familiarizá-la com a escrita. Listamos aqui alguns exemplos.[22]

I. Envolva a criança com a linguagem lendo livros, recitando rimas ou pequenos poemas. Incentive-a a falar e incorpore conscientemente pequenas oportunidades de fala em sua rotina diária. Repita novas palavras, de preferência em contextos diferentes.

II. Nomeie as coisas por seus nomes próprios. Evite paráfrases infantis. Em vez de "Olha o au--au!", diga: "Olha o cachorro! Ele faz 'au-au.'".

III. Não corrija a criança. Crianças pequenas muitas vezes cometem erros na fala, especialmente com tempos verbais ou plurais. Mas não a repreenda dizendo: "Não é 'trator' que se diz, é 'tratores'.". Isso pode afetar negativamente a autoestima da criança e, na pior das hipóteses, fazer com que ela fale menos para evitar erros. Em vez disso, repita corretamente o que foi dito: "Sim, eu também estou vendo os tratores!". Com esse eco, a criança é corrigida de forma indireta. Não repita a pronúncia nem a gramática incorretas, para que a criança não as memorize.

IV. Dê um bom exemplo: escreva suas listas de compras e notas à mão, em vez de no seu telefone; e leia um livro, jornal ou revista.

V. Promova as habilidades motoras finas da criança. Sugestões para isso podem ser encontradas na parte prática deste livro.

MATEMÁTICA

Estamos diariamente rodeados pela matemática. As quantidades estão por toda parte, e até mesmo crianças pequenas são confrontadas com os termos "mais" e "menos".[25] A matemática é uma das conquistas mais notáveis da civilização, tendo o sistema numérico sido desenvolvido ao longo dos séculos. Mas a ideia básica é tão simples quanto engenhosa: uma coisa é sempre adicionada à outra. As crianças pequenas aprendem a contar e calcular de acordo com esse princípio.[26]

O método de Maria Montessori tem por objetivo ajudar as crianças a entenderem números, quantidades e operações aritméticas de forma visual e tátil. O conteúdo é desenvolvido do concreto ao abstrato, do simples ao complexo.

Na pré-escola, as crianças primeiro aprendem os números e a contar de um a dez. Em seguida, elas se familiarizam com o sistema decimal e as operações aritméticas básicas. Até mesmo as primeiras noções de frações podem ser introduzidas nessa fase. Além disso, elas aprendem sobre dinheiro, medidas, temperatura, calendário e tempo.[25] Essas áreas são abordadas na parte prática deste livro, no tópico "Atividades da vida prática".

Maria Montessori acreditava que as crianças são naturalmente atraídas pelos conteúdos matemáticos, e que é possível aprendê-los com maior facilidade por meio de materiais sensoriais e práticos, que podem ser explorados com as mãos.[26, 27] A experiência tátil é uma característica distintiva dos materiais matemáticos montessorianos. Como a maioria dos materiais é feita de madeira, eles permitem não apenas que as quantidades sejam sentidas pelas crianças com as mãos, mas também o seu peso.[25]

Montessori postulou que a fase sensível em que esses conteúdos matemáticos são adquiridos começa por volta dos 4 aos 6 anos de idade.[27] No entanto, mesmo aos 3 anos, as crianças já adquirem muitas habilidades valiosas ao lidar com materiais matemáticos. A disposição desses materiais, do concreto ao abstrato, ajuda a desenvolver uma ordem interna. Além disso, o material sensorial estimula um envolvimento preciso com ele, o que contribui para a aprendizagem de movimentos igualmente precisos. As crianças também treinam sua capacidade de concentração e aprendem a usar símbolos.[26]

EDUCAÇÃO SENSORIAL

Os materiais táteis e visuais são muito importantes para o método montessoriano. Isso ocorre porque Maria Montessori considera a percepção sensorial um pré-requisito para o raciocínio conceitual e abstrato. Segundo ela, as crianças que manipulam e interagem com seus materiais desenvolvem um raciocínio autônomo.[28]

De acordo com Montessori, as crianças são atentas desde o nascimento, e conscientemente percebem o ambiente ao seu redor. Mesmo bebês armazenam todas as impressões e informações, embora de maneira desorganizada e sem classificação. Para Montessori, desenvolver uma ordem interna é um objetivo central de qualquer pedagogia. Essa ordem não deve ser entendida como a dos adultos, mas como uma ordem que corresponde ao desenvolvimento adequado à idade. As crianças precisam organizar as impressões sensoriais que recebem, e devem ser capazes de categorizar propriedades com base em diferentes características.[29]

Ao lidar com materiais sensoriais, Montessori desenvolveu sua lição de três tempos. No primeiro momento, as crianças devem associar a percepção sensorial a um nome. Isso pode ser ilustrado no campo da matemática usando o exemplo do material Montessori conhecido como "barras vermelhas e azuis". Apresente à criança as barras de comprimento dois e três, e diga a ela: "Esta é a barra dois. Esta é a três.". No segundo momento, a criança deve reconhecer o objeto correspondente ao nome: "Por favor, me dê a barra dois. Por favor, me dê a barra três.". O nome do objeto deve ser lembrado no terceiro e último momento: "O que é isso?" "Esta é a barra dois e esta é a três.".[28]

Na parte prática deste livro, existem materiais sensoriais para todos os tópicos. Por exemplo, na seção "Educação cósmica", as crianças manuseiam materiais naturais. Há exercícios com letras de lixa na seção "Linguagem e leitura" e, na seção "Raciocínio matemático e lógico", entre outras coisas, as barras vermelhas e azuis mencionadas anteriormente. Na seção "Treinamento sensorial", no entanto, não há materiais didáticos para outras áreas, mas exercícios explícitos para treinar os sentidos. Vale a pena realizar esses exercícios com a criança, pois a percepção sensorial recebe pouca atenção, sendo vista como algo garantido.

ATIVIDADES DA VIDA DIÁRIA

As atividades da vida diária são parte essencial do método Montessori. A capacidade das crianças de cuidarem de si mesmas, como se vestir e despir, escovar os dentes e pentear os cabelos, promove independência e autossuficiência desde cedo. Objetos comuns do cotidiano são integrados nessas atividades, funcionando como materiais montessorianos.

Maria Montessori observou que até mesmo crianças pequenas tentam imitar as ações de seus pais. Ela notou que as crianças buscam realizar atividades úteis desde cedo, e isso permite que as crianças aprendam, em seu próprio ritmo e com naturalidade, as atividades que seus pais ou responsáveis realizam diariamente.[29]

As atividades têm como objetivo incentivar a criança a assumir a responsabilidade por si própria, pelos outros e pelo seu ambiente. Ela aprende a cuidar de si mesma e dos outros, auxilia no preparo das refeições, cuida dos animais de estimação e das plantas. Além disso, a criança participa ativamente das tarefas domésticas, contribuindo para manter o ambiente limpo e organizado. Isso cria uma base sólida para que ela se torne um adulto responsável e autônomo.

As atividades da vida prática se entrelaçam com as demais áreas deste guia, pois naturalmente promovem outros aspectos. Nessas atividades, as crianças experimentam sensações, praticam habilidades motoras finas e grossas, e aprendem diferentes sequências de ação e movimento.[30]

PERGUNTAS E RESPOSTAS

QUANDO COMEÇAR A USAR O MÉTODO MONTESSORI?

Não existe uma idade fixa para começar a adotar o método Montessori. Algumas famílias escolhem adotar esse método mesmo antes do nascimento dos filhos, organizando suas casas de acordo com os princípios montessorianos. Outras começam a se envolver com atividades montessorianas quando os filhos têm 1 ano de idade. No entanto, não existe um momento certo para começar a utilizar esse método. Afinal, o método Montessori vai muito além da simples oferta de atividades em prateleiras de madeira. A abordagem dos pais ou responsáveis pode transformar completamente a maneira como eles interagem com as crianças. O método Montessori enxerga a criança como um ser completo, que deve ser orientado rumo à independência e à responsabilidade. Essa abordagem pode ser aplicada em qualquer fase da vida da criança, seja um bebê de 6 meses ou uma criança em idade escolar.

O método de Maria Montessori é baseado em fases sensíveis do desenvolvimento. Uma criança de 3 anos está na fase sensível da aquisição da linguagem, do interesse pela escrita e pela contagem, de fazer muitas perguntas e construir os primeiros contatos sociais fora da família. Então, essa idade é perfeita para começar a usar o método Montessori.

QUAL É O BENEFÍCIO MAIS IMPORTANTE DO MÉTODO MONTESSORI?

O método Montessori prepara as crianças para a vida. A mente crítica, a autoconfiança e a independência são as principais características promovidas por esse método. As crianças podem adquirir conhecimento e categorizar o mundo ao seu redor por meio do trabalho independente em um ambiente preparado. Isso as transforma em indivíduos independentes e em membros responsáveis da sociedade.

A ABORDAGEM MONTESSORI É ADEQUADA PARA TODAS AS CRIANÇAS?

A metodologia inspirada em Maria Montessori tem sido aplicada com sucesso em todo o mundo há mais de um século. Crianças de diferentes classes socioeconômicas têm se beneficiado desse método. No entanto, é importante reconhecer que nenhuma abordagem educacional única é adequada para todas as crianças. Algumas crianças podem não se adaptar bem ao método de trabalho independente de Montessori devido à neurodiversidade, como o transtorno do déficit de atenção com hiperatividade (TDAH) ou o autismo (TEA), e podem precisar de uma abordagem mais direcionada. Em geral, a abordagem Montessori pode ser experimentada com crianças que têm facilidade em se concentrar em algo específico, como um carro, um personagem de jogo ou um livro, e que conseguem alternar entre diferentes atividades de forma independente.

O MÉTODO MONTESSORI TAMBÉM É ADEQUADO PARA CRIANÇAS COM NECESSIDADES ESPECIAIS DE APOIO OU PARA AS SUPERDOTADAS?

O material montessoriano aborda um único aspecto da dificuldade, e é projetado para facilitar a compreensão de um conceito por meio de diversos sentidos do corpo. Crianças com necessidades especiais de apoio se beneficiam dessa abordagem.

No método Montessori, o trabalho independente é individual. Cada criança segue seus interesses pessoais e progride em seu próprio ritmo, sem restrições para o avanço em uma área específica em determinada idade. Assim, a abordagem individualizada também beneficia crianças superdotadas.

QUAIS AS DIFERENÇAS ENTRE A PEDAGOGIA MONTESSORI E A WALDORF?

Tanto a pedagogia Montessori quanto a Waldorf foram influenciadas por grandes reformadores e compartilham um foco centrado na criança, visando a independência e o desenvolvimento autônomo de seus talentos.

Enquanto o método de Montessori destaca aspectos científicos, o de Waldorf adota abordagens mais artísticas e criativas. Maria Montessori fundamentou seus princípios em observações de longo prazo das crianças. Por outro lado, Rudolph Steiner, o fundador da educação Waldorf, acreditava que educação e religião estavam interligadas e, assim, estabeleceu um conceito antroposófico para suas escolas, o qual inclui uma abordagem espiritual, que considera os seres humanos como parte de um universo espiritual.

QUANDO DEVEM COMEÇAR AS ATIVIDADES DE LEITURA E ARITMÉTICA?

Aos 3 anos de idade, a criança passa pela fase sensível do desenvolvimento da consciência, na qual percebe estar imersa em um ambiente repleto de textos e números. Ao observar os adultos lendo, escrevendo listas de compras ou contando histórias, ela sente vontade de imitar essas atividades. Muitas crianças nessa faixa etária simulam a leitura, mesmo que segurem o livro de cabeça para baixo ou façam rabiscos em um papel, expressando orgulho por terem escrito algo. Portanto notamos que o interesse pela leitura, pela escrita e pela aritmética está presente. Durante essa fase sensível, é fundamental orientar a criança e desenvolver essas habilidades básicas. O período sensível para a matemática geralmente surge entre os 3 e os 5 anos de idade.

COMO A CRIANÇA LIDARÁ COM A ESCOLA SE JÁ POSSUI UMA GRANDE INDEPENDÊNCIA DEVIDO AO MÉTODO MONTESSORI?

A independência fomentada pelo método Montessori é benéfica para as crianças em suas rotinas escolares. Elas lidam muito bem com as tarefas diárias sozinhas e requerem assistência mínima. Uma vez que já tiveram experiência com a aprendizagem independente, são menos dependentes do professor, e mais autônomas e adaptáveis. Geralmente, essas crianças enfrentam menos problemas de adaptação escolar em comparação com os seus colegas.

COMO SERÁ O DESEMPENHO DA CRIANÇA NA ESCOLA SE JÁ SABE LER E ESCREVER?

Hoje em dia, muitos alunos começam a escola já sabendo ler e escrever. As instituições educacionais tornaram-se mais progressistas, buscando atender às necessidades individuais das crianças. Especialmente no primeiro ano escolar, a criança deve ser atendida de acordo com o seu nível atual de aprendizagem. Portanto não é um problema se algumas crianças já sabem ler, enquanto outras ainda não. Muitos pais também observam que o ritmo de aprendizagem nas escolas regulares é relativamente rápido. Ter uma vantagem no conhecimento permite que as crianças se adaptem às novas circunstâncias com mais tranquilidade, podendo acompanhar as aulas sem maiores dificuldades.

MEU FILHO NÃO CONSEGUE SE CONCENTRAR POR MUITO TEMPO NOS EXERCÍCIOS OU SE DISTRAI FACILMENTE COM O AMBIENTE. O QUE POSSO FAZER?

Em primeiro lugar, é importante garantir que nenhuma circunstância externa esteja impedindo a criança de se concentrar em suas tarefas. Um ambiente desorganizado, com muitos objetos diferentes, incluindo brinquedos, pode distraí-la. Portanto, certifique-se de que sua casa esteja arrumada e organizada. Livre-se da bagunça desnecessária e envolva a criança nas tarefas domésticas.

Os irmãos, especialmente os mais novos, podem interferir no trabalho independente da criança. Tente planejar essas atividades para quando a criança mais nova estiver dormindo. Além disso, é interessante armazenar os materiais do filho mais velho em uma altura que o irmão mais novo não consiga alcançar.

Caso tenha certeza de que não há circunstâncias externas que causem a falta de engajamento intenso da criança, será necessário observá-la de perto. As tarefas estão muito fáceis ou muito difíceis? O interesse da criança atualmente está em outra área? Ela tem bastante atividade física e tempo livre para brincar?

COM QUE FREQUÊNCIA DEVO TROCAR AS OFERTAS DE ATIVIDADES?

Substitua as atividades quando a criança não demonstrar interesse por elas por um período (por exemplo, uma semana). Como resultado de um engajamento maior, alguns materiais podem ter se tornado muito fáceis para a criança, e ela pode estar buscando um desafio maior. Talvez os interesses dela tenham mudado, então chegou o momento de introduzir um novo componente. Cabe a você fazer essas avaliações. Portanto é essencial estar presente durante o trabalho independente da criança, e acompanhar seu progresso e seus interesses. As atividades que ela continua buscando com frequência e intensidade podem permanecer disponíveis na prateleira.

POSSO UTILIZAR RECURSOS DE APRENDIZAGEM DIGITAL E BRINQUEDOS CONVENCIONAIS?

Sim, é possível comprar brinquedos convencionais e usar aplicativos de aprendizagem voltados para crianças. Poucas famílias seguem rigorosamente o método montessoriano. Implemente o que considerar adequado e importante para a sua família. Se alguns minutos de tempo de tela por dia proporcionarem um momento de relaxamento para você, isso é tão válido quanto optar por não ter uma televisão. Nosso objetivo é fornecer ferramentas simples para promover a independência da criança desde cedo. O que você decidir fazer com essas orientações em sua família deve ser uma escolha inteiramente sua. Considere as sugestões como um benefício, não uma restrição.

OS ADULTOS DEVEM AJUDAR NOS EXERCÍCIOS OU PERMANECER PASSIVOS?

O princípio central do método Montessori é que a criança deve explorar os materiais oferecidos de forma independente durante o seu período de "trabalho". Os pais ou responsáveis devem demonstrar cada exercício uma vez. Se a criança tiver dúvidas, os adultos devem ajudá-la. Além disso, algumas atividades deste livro foram projetadas para serem interativas, permitindo que adultos e crianças participem de forma colaborativa.

MEU FILHO TEM DIFICULDADE PARA ENTENDER AS INSTRUÇÕES DAS ATIVIDADES OFERECIDAS. COMO POSSO AJUDÁ-LO?

As crianças mais novas muitas vezes têm dificuldade em se concentrar em duas coisas ao mesmo tempo. Ao demonstrar algo para a criança, evite comentar as ações dela. A criança deve ter a oportunidade de acompanhar visualmente os movimentos dos adultos e compreender as ações. Caso ela continue tendo dificuldades para realizar a tarefa de forma independente, então será necessário fazer uma nova demonstração, dedicando um pouco mais de tempo. Além disso, é importante estar sempre aberto aos questionamentos dela.

TENDO EM VISTA QUE AS CRIANÇAS DEVEM ESCOLHER SUAS PRÓPRIAS ATIVIDADES, É POSSÍVEL QUE ELAS FAÇAM SEMPRE A MESMA SELEÇÃO OU QUE, ATÉ MESMO, NÃO OPTEM POR NENHUMA ATIVIDADE?

Confie na curiosidade da criança. Se as atividades estiverem alinhadas com o seu nível de desenvolvimento e forem apresentadas de maneira motivadora e atraente, a criança se envolverá com elas. Ao contrário do que muitos pensam, as crianças não são preguiçosas. Assim que dominam bem uma tarefa, elas buscam, por conta própria, novos desafios. Certifique-se de que os materiais oferecidos não sejam excessivamente desafiadores. Eles devem estimular a criança, sem sobrecarregá-la.

POR QUE O MÉTODO MONTESSORI FALA SEMPRE EM "TRABALHO"? AS CRIANÇAS NÃO DEVERIAM BRINCAR PRINCIPALMENTE?

O método Montessori usa o termo "trabalho" para valorizar que as crianças possam mergulhar plenamente em suas atividades. Segundo a avaliação de Maria Montessori, quando uma criança se concentra e se envolve completamente em uma atividade, ela não está brincando, e sim trabalhando. Esse termo é utilizado principalmente para reconhecer o esforço da criança. O que a criança está fazendo é, na verdade, um aspecto secundário. O conceito de "trabalho" abrange uma variedade de significados, como dissecar um girassol, lavar a bicicleta, vestir uma boneca com uma jaqueta de botões minúsculos ou realizar exercícios de leitura.

É claro que brincar de forma livre é igualmente importante para as crianças. Por isso foque o dia todo no "trabalho". É importante estabelecer um equilíbrio e garantir que a criança passe bastante tempo ao ar livre, interaja com colegas e tenha oportunidades o suficiente para brincar livremente. Para isso, ofereça brincadeiras abertas que estimulem a criatividade, como blocos de montar, bonecos pequenos, carros de madeira, entre outros. Não existe uma maneira certa ou errada de brincar com esses materiais. A criança pode alternar entre esses brinquedos, combinando-os de diferentes maneiras para mantê-los interessantes por mais tempo.

MONTESSORI É CARO?

Costuma-se dizer que a implementação da abordagem Montessori é muito cara. De certa forma, isso pode ser verdadeiro, pois os jardins de infância e as escolas Montessori costumam ser particulares e mais caras.

Porém, no dia a dia, o método Montessori não precisa ser caro. Muitos móveis tradicionalmente utilizados no método Montessori, como a torre de aprendizagem na cozinha ou as prateleiras de madeira no quarto da criança, podem ser adquiridos na internet, em comunidades de produtos usados ou até mesmo construídos por conta própria. Claro que muitos brinquedos de madeira de qualidade têm um preço menos acessível, no entanto, devido à sua durabilidade, podem ser adquiridos em segunda mão ou revendidos posteriormente. Como o conceito de Maria Montessori insiste em criar um ambiente limpo e direto para a criança, não se deve comprar muitos brinquedos. Mais adiante, oferecemos várias ideias e instruções para criar materiais e atividades lúdicas para a criança com recursos simples. Podemos garantir que as atividades deste livro podem ser implementadas de forma econômica.

O QUE EU PRECISO PARA CRIAR OFERTAS DE JOGOS?

Como os materiais Montessori costumam ser mais caros, vale a pena considerar a possibilidade de construir pelo menos alguns deles. Muitas vezes, os pais já têm em casa a maior parte do material necessário, mas também é possível adquiri-lo de forma econômica em lojas de artesanato. Seja criativo. Se uma atividade precisa de objetos em miniatura específicos, não é necessário comprá-los – muitas vezes é possível encontrá-los nos brinquedos da própria criança: como peças de Playmobil, de Lego etc.

Ter uma impressora em casa é uma grande vantagem para a criação de vários materiais, pois o método Montessori utiliza cartões ilustrados com frequência. Para preservar esses materiais por um longo período, pode ser útil investir em uma máquina de plastificação. Como alternativa, considere imprimir ou colar os cartões ou páginas em papel resistente e cobri-los com uma folha adesiva transparente.

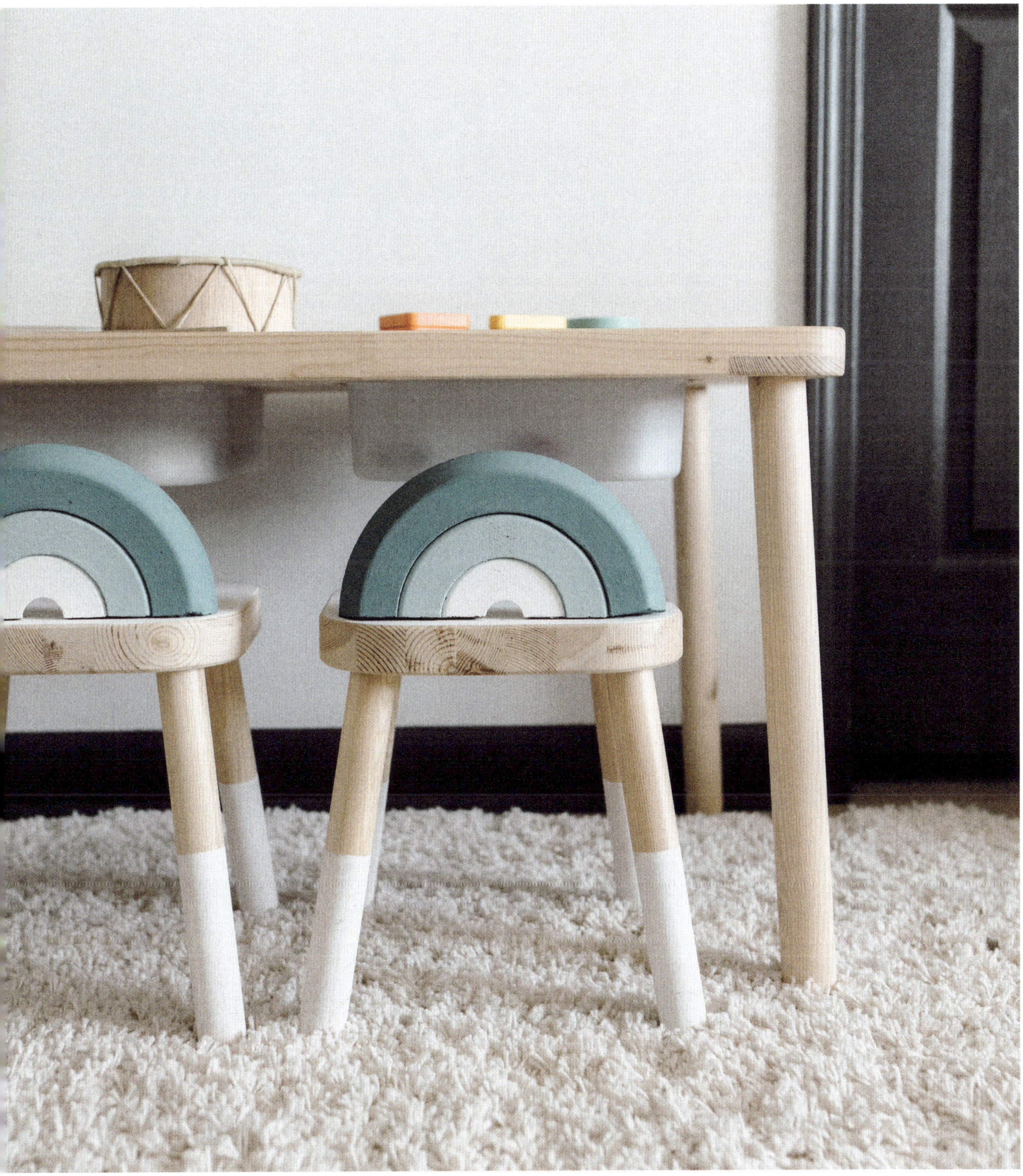

O DESENVOLVIMENTO DA CRIANÇA AOS TRÊS ANOS

~

Linguagem
Aos 3 anos de idade, as crianças são capazes de conduzir um diálogo com sequência, que pode alternar entre as partes duas vezes, ou seja, em dois turnos. Elas fazem perguntas, como "Quem? Como? Onde? O que? Por que?", são capazes de nomear verbos em uma imagem e responder seus nomes quando perguntados.

Erros de pronúncia ou omissões de sílabas são normais nessa idade. No entanto, a criança é geralmente compreendida pelos outros. Os pais geralmente entendem muito bem seus filhos, mesmo que sua fala seja arrastada, e podem não estar cientes de quaisquer problemas. No entanto, caso pessoas externas, como educadores, vizinhos ou outros membros da família, comecem a observar que a fala da criança é pouco compreensível, recomendamos buscar a orientação de um fonoaudiólogo.

Por volta dos 3 anos e meio, a maioria das crianças consegue expressar frases simples com a ordem correta das palavras. Durante o quarto ano, as conexões de frases se tornam mais complexas, e a criança agora também utiliza conjunções (antes, depois, mas etc.). Muitas estruturas gramaticais já são utilizadas corretamente, mas algumas formas do pretérito e do plural ainda podem representar dificuldades.[31]

No quarto ano de vida, a criança pode demonstrar maior empatia pelos outros. Nessa fase, sua capacidade de concentração aumenta, e até mesmo as crianças que antes mostravam pouco interesse em livros podem começar a gostar de ouvi-los sendo lidos para elas. A partir do seu quarto aniversário, ela começa a compreender frases maiores e mais complexas. O vocabulário se expande: ela utiliza corretamente palavras para descrever cores e emprega formas comparativas, como "alto", "mais alto que" e "o mais alto", com mais frequência. Além disso, ela está familiarizada com antônimos, como "quente" e "frio".

Desenvolvimento cognitivo
A criança demonstra habilidade para expressar desejos na forma "eu", e reconhece as diferenças entre meninos e meninas. Ela já consegue associar as cores e os nomes, e consegue identificar partes do corpo quando solicitada. Além disso, é capaz de resolver quebra-cabeças com pelo menos quatro peças e de encaixar três a quatro formas diferentes em um cubo de formas geométricas. Embora utilize os termos "ontem" e "amanhã", muitas vezes só passa a entender plenamente seus significados no quarto ano de vida. Muitas crianças já dominam a contagem até dez. Durante essa fase, o comportamento cooperativo da criança também se intensifica. Adicionalmente, ela adora recriar situações cotidianas em jogos de faz de conta, atribuindo significados abstratos a objetos, como transformar a caixa de um baralho de cartas em um celular, por exemplo.[32, 33]

Habilidades motoras finas

Aos 3 anos, espera-se que a criança consiga cortar uma tira de papel ao meio e aprenda a cortar um modelo nos próximos meses. Além disso, elas conseguem manusear tampas de rosquear, e abrir zíperes e botões do tamanho de uma moeda de um real. A criança já consegue se vestir e se despir sozinha, conseguindo lidar com a maior parte das peças de roupa. Ela gosta de construir com Lego e outros brinquedos de montar, consegue moldar uma bola e uma salsicha de argila ou massinha, e rasgar papel com as duas mãos.

Por volta do terceiro aniversário, é esperado que a criança consiga desenhar círculos, porém algumas ainda desenham a partir da articulação do ombro. Ainda se espera uma pegada de lápis imatura, porém a criança deve progredir para segurar o lápis entre os dedos em vez de utilizar o punho inteiro. Durante o quarto ano, a criança começa a desenhar as figuras de "cabeça e pés": figuras cujos braços e pernas saem diretamente da cabeça. A criança come com confiança à mesa, usando garfo e colher. Ofereça uma faca durante as refeições nesta fase para que ela aprenda a usá-la.[32, 33]

Habilidades motoras grossas

No parquinho, note que a criança sobe e desce com segurança nos brinquedos de escalada e nos escorregadores. Ela é capaz de se manter em uma perna só por dois a três segundos e pular sobre uma corda deitada no chão. O modo como a criança anda se torna mais preciso. Aos 3 anos, ela já sabe andar em bicicletas de equilíbrio, triciclos e patinetes. Algumas crianças aprendem a andar de bicicleta sem rodinhas no quarto ano de vida.[32, 33]

Comportamento social

A criança busca a companhia de outras crianças da mesma idade e gosta de brincar com elas. É capaz de expressar desejos e estabelecer limites pessoais, dizendo um claro "não". Desenvolve a solidariedade e interage cada vez mais com colegas e adultos. Aos 3 anos, a criança desenvolve o precursor da empatia, reconhecendo quando a outra pessoa está feliz ou triste. Para confortar o outro, ela utiliza os mesmos meios que a ajudariam em tal situação. Por esse motivo, isso é chamado de empatia egocêntrica.

A criança imita as atividades que observa em adultos, e gosta de ajudar nas tarefas domésticas e na jardinagem. Incentive essas atividades sempre que possível, e confie na criança para realizá-las, pois ela deseja agir independentemente, embora seja capaz de pedir ajuda quando necessário.[32, 33, 34]

EDUCAÇÃO CÓSMICA

FILHOTES DE ANIMAIS

A partir de que idade?
3 anos.
Tempo necessário:
30 minutos.
Preparo: fácil.
O que é promovido?
Conhecimento sobre os filhotes de diversas espécies animais.
Material: impressora e papel.

Prepare cartões com imagens de animais que a criança conheça. Para cada cartão de animal adulto será necessário um cartão com o filhote correspondente. Mamíferos, como cães, gatos, leões ou elefantes, são adequados, assim como animais que se reproduzem de forma diferente: galinhas, rãs e peixes. Os animais adultos devem ser colocados em uma cesta, enquanto os filhotes devem ficar em outra. Os cartões podem ser espalhados em uma área de trabalho. Pegue um cartão, identifique o animal retratado e, em seguida, encontre o cartão com o filhote correspondente. Deixe a criança continuar o exercício. Se houver alguns cartões mais complexos, como ovas de peixe ou um girino, ela poderá precisar de sua ajuda. Se disponível, use um livro que ilustre o desenvolvimento desses animais.

MUSEU

Quando a criança completar 3 anos de idade, considere levá-la ao museu para sua primeira visita. Os museus interativos, onde as crianças podem participar ativamente, são mais adequados para esse propósito. Os temas são apresentados de forma adequada para as crianças, despertando curiosidade sobre a natureza, a biologia, a física e a tecnologia.

A partir de que idade?
3 anos.
O que é promovido?
Interesse pela natureza e pela tecnologia.

QUEBRA-CABEÇA DE MAPA-MÚNDI

A partir de que idade?
3 anos.
O que é promovido?
Concentração, atenção e conhecimento sobre continentes e países.
Material: quebra-cabeça de mapa-múndi.

Os quebra-cabeças de mapa-múndi são excelentes para iniciar uma conversa, e continuam sendo interessantes por muito tempo. Existem muitos quebra-cabeças de mapa-múndi para crianças que mostram apenas os continentes e os oceanos, sem entrar nos detalhes dos vários países, sendo ideais para crianças pequenas. A maioria desses quebra-cabeças também retrata alguns detalhes específicos do continente, como animais típicos, edifícios ou comidas. Essas ilustrações possibilitam que os pais ou responsáveis conversem sobre os respectivos continentes e países com a criança. Se ela demonstrar interesse, é possível buscar informações adicionais juntos em uma enciclopédia infantil ou assistir a um documentário adequado para crianças.

AR, TERRA, ÁGUA

Para esta atividade, serão necessários três copos. Encha um copo com terra, outro com água e o outro permanece vazio, representando o ar. Crie um número igual de cartões para cada copo, com imagens relacionadas ao elemento correspondente. Por exemplo:

- **Ar:** avião, pipa, astronauta no espaço, pássaro, nuvem
- **Terra:** montanhas, árvores, plantações, deserto, cidade
- **Água:** baleia, navio, ondas, mergulhador, veleiro

Caso a criança tenha bonecos adequados para cada tema, como um pássaro pequeno ou um animal aquático, coloque-os na cesta em vez de uma foto.

Disponha os três copos em uma bandeja e coloque os cartões em uma pequena cesta. O exercício é realizado em uma área de trabalho. Coloque os três copos sobre a área e nomeie cada elemento. Pegue um cartão qualquer, diga o que está representado nele e coloque-o sob o copo correspondente. Ofereça à criança a oportunidade de continuar o exercício.

A partir de que idade?
3 anos.
Tempo necessário:
30 minutos.
Preparo: fácil.
O que é promovido?
Classificação dos elementos.
Material: três copos, terra, água, impressora, papel e, se quiser, bonecos de brinquedo.

LUPA

A partir de que idade?
3 anos.
O que é promovido?
Curiosidade e atenção.
Material: lupa, pequenos animais e plantas da natureza.

A natureza desperta grande fascínio nas crianças, especialmente os insetos, como formigas e besouros, que aguçam sua curiosidade. Eles podem ser capturados, observados com uma lupa e depois soltos. Faça uma caminhada exploratória com a criança, seja na natureza ou no seu próprio jardim. Caso não saiba responder às perguntas dela, não se preocupe. Pesquise as respostas com ela em uma enciclopédia infantil.

QUE FRUTA É ESSA?

Imprima cartões com fotos de diferentes frutas e legumes que a criança conheça, como pepino, kiwi, tomate e laranja. Crie um cartão adicional para cada item, mostrando a fruta ou o legume cortado e aberto. Para uma melhor organização, é aconselhável usar uma cor para os cartões que mostram o alimento inteiro e outra cor para os cartões que mostram o alimento cortado.

Coloque, então, os cartões separadamente em duas cestas pequenas e disponha-as em uma bandeja. Essa atividade deve ser realizada em uma área de trabalho adequada. Esvazie o conteúdo de ambas as cestas para que todos os cartões fiquem visíveis. Pegue um cartão com um alimento inteiro, nomeie-o e procure o cartão correspondente mostrando ele cortado. Deixe as duas cartas lado a lado, como um par. Permita que a criança complete o restante do exercício.

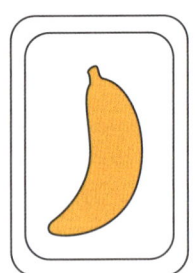

A partir de que idade?
3 anos.
Tempo necessário:
30 minutos.
Preparo: fácil.
O que é promovido?
Conhecimento sobre frutas e legumes, atenção e concentração.
Material: impressora e papel.

COMPARAÇÃO ENTRE TAMANHOS

A partir de que idade?
3 anos.
Tempo necessário:
30 minutos.
Preparo: fácil.
O que é promovido?
Classificação das relações de tamanho.
Material: impressora e papel.

Pense em algumas criaturas e objetos de tamanhos diferentes, como um pássaro, um cachorro, um elefante, um guindaste, um carro de brinquedo, uma joaninha, a Terra, um arranha-céu, entre outros. Imprima-os em cartões e ofereça-os à criança em um cesto. O objetivo da atividade é ordenar os objetos do menor para o maior.

Retire um cartão do cesto e identifique o que está nele ("Isto é uma formiga."). Coloque o cartão na sua frente. Depois, pegue outro cartão, identifique o que está representado e indique se é maior ou menor do que a figura do cartão anterior ("Isto é um carro. Um carro é maior que uma formiga."). Coloque o objeto menor à esquerda do primeiro cartão e o objeto maior à direita. A criança pode, então, prosseguir com o exercício e organizar as outras cartas de acordo com o tamanho representado pelas figuras.

VISÕES DETALHADAS DE ANIMAIS

Crie cartões com imagens de animais, preferencialmente sem fundo. Se esses cartões já foram preparados para outras atividades, você pode reutilizá-los. Além disso, crie cartões com imagens detalhadas da pele ou do pelo de cada animal. Para isso, é recomendável selecionar animais com aparências distintas, como cobra, golfinho, flamingo, zebra, tigre, sapo, peixe, girafa, vaca, joaninha ou cachorro de pelagem grande.

Coloque os cartões que mostram os animais em uma cesta e os cartões que mostram a pele ou o pelo em outra. Em seguida, leve as duas cestas até a área de atividades e espalhe os cartões. Pegue um cartão com a imagem de um animal, nomeie o animal e procure pela imagem detalhada correspondente. Encoraje a criança a continuar a atividade.

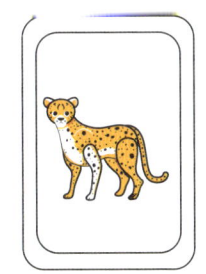

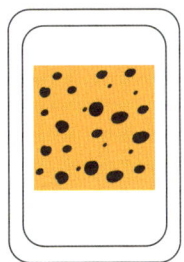

A partir de que idade?
3 anos.
Tempo necessário:
30 minutos.
Preparo: fácil.
O que é promovido?
Reconhecimento de diferentes animais.
Material: impressora e papel.

COLETA DE ÁGUA DA CHUVA

A partir de que idade?
3 anos.
Tempo necessário:
30 minutos.
Preparo: depende do projeto.
O que é promovido?
Habilidades manuais, consciência ambiental e habilidades de planejamento.
Material: ferramentas.

Este projeto é ideal para a primavera ou o verão, e é especialmente útil para quem ainda não tem um sistema de coleta de água da chuva em seus jardins ou varandas. Caso queira, explique à criança que é possível economizar muita água regando as plantas com água da chuva em vez de água da torneira. Juntos, pensem em como fazer isso. Planeje e prepare a construção em conjunto. Os materiais que serão utilizados dependem principalmente da sua localização e das plantas de sua casa. A atividade promove habilidades manuais e conscientização ambiental, além de exigir um planejamento adequado.

JOGO DA MEMÓRIA

Nesse estágio, é possível introduzir jogos de tabuleiro simples para a criança, como o jogo da memória. Recomenda-se escolher um jogo com imagens ou fotos bem realistas, pois isso auxilia no fortalecimento da memória da criança e, ao mesmo tempo, enriquece seu vocabulário.

A partir de que idade?
3 anos.
O que é promovido?
Concentração, atenção, memória e vocabulário.
Material: jogo da memória.

3 - 4 ANOS

EDUCAÇÃO CÓSMICA

HABILIDADES MOTORAS FINAS

TACHINHAS

Utilize um marcador permanente para desenhar uma forma simples, como uma bola, uma maçã ou um sol, em um quadro de cortiça. Disponha o quadro e um prato pequeno com tachinhas em uma bandeja. Insira uma tachinha na cortiça para definir o contorno do desenho e, em seguida, permita que a criança continue o exercício. É importante supervisioná-la durante essa atividade e garantir que nenhuma tachinha fique no chão.

A partir de que idade?
3 anos.
Tempo necessário:
5 minutos.
Preparo: fácil.
O que é promovido?
Habilidades motoras finas, resistência e concentração.
Material: quadro de cortiça, canetas e tachinhas.

EXERCÍCIOS DE MOVIMENTO

É possível encontrar livros sobre exercícios de movimento para todas as idades, desde os 3 anos até a idade escolar. No entanto, é fácil prepará-los em casa. Desenhe as linhas a serem traçadas em uma folha de papel e coloque-a dentro de um envelope plástico transparente. Se a criança usar um marcador apagável, o envelope de plástico pode ser reutilizado, e o modelo do desenho pode ser trocado regularmente.

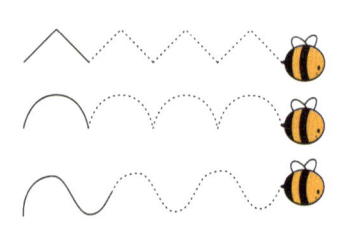

A partir de que idade?
3 anos.
Tempo necessário:
5 minutos.
Preparo: fácil.
O que é promovido?
Habilidades motoras finas.
Material: papel, caneta, marcador apagável e envelope plástico transparente.

DESENHO COM AREIA

O desenho na areia é uma boa preparação para a escrita. Preencha uma caixa pequena e à prova de vazamentos com cerca de dois dedos de areia fina. Além disso, forneça um pequeno objeto que sirva como raspador, que pode ser também uma carta de baralho ou um pedaço de papelão, para que a criança possa apagar os padrões desenhados e começar de novo. Recomenda-se deixar que a criança crie padrões livremente ou que se prepare cartões com formas impressas para serem usados como modelo. Dessa maneira, também é possível praticar letras e números.

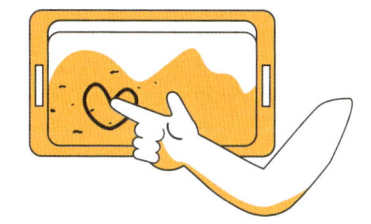

A partir de que idade?
3 anos.
Tempo necessário:
5 minutos.
Preparo: fácil.
O que é promovido?
Habilidades motoras finas.
Material: caixa pequena, areia, raspador de areia, impressora (opcional) e papel.

3 - 4 ANOS

PERFURAÇÃO

Não é difícil encontrar pequenos furadores artesanais em quaisquer lojas de artesanato. Com um desses em mãos, a criança pode posicionar uma folha de papel na abertura do furador – o que pode ser bastante exigente em termos de habilidades motoras – e, em seguida, perfurar a forma artesanal com um forte empurrão. As formas pequenas podem então ser coladas em algum lugar.

A partir de que idade?
3 anos.
Tempo necessário:
5 minutos.
Preparo: fácil.
O que é promovido?
Habilidades motoras finas e força.
Material: furador artesanal, papel e cola.

COLAGEM DE PAPEL PICADO

Desenhe uma espiral em uma folha de papel. Dê à criança papel colorido para cortar ou picar em pedaços pequenos. Cole o papel picado na espiral. Quanto menores os pedaços de papel, mais desafiadora será a atividade.

A partir de que idade?
3 anos.
Tempo necessário:
5 minutos.
Preparo: fácil.
O que é promovido?
Habilidades motoras finas, precisão e resistência.
Material: papel, caneta, tesoura e cola.

HABILIDADES MOTORAS FINAS

LINGUAGEM E LEITURA

COMBINAÇÃO DE OBJETOS PEQUENOS

Pegue objetos pequenos em sua casa, como peças de Playmobil da criança. Imprima cartões com fotos de cada um desses objetos. Organize as fotos e os objetos em cestas separadas sobre uma bandeja.

Escolha um cartão e comente o que vocês estão vendo. Em seguida, procure o objeto que está na foto. Separe o cartão e coloque o objeto encontrado sobre o cartão. Ofereça à criança a oportunidade de continuar o exercício.

A partir de que idade? 3 anos.
Tempo necessário: 20 minutos.
Preparo: fácil.
O que é promovido? Aumento do vocabulário e atenção.
Material: objetos pequenos, impressora e papel.

QUEBRA-CABEÇA COM O PRÓPRIO NOME

A partir de que idade? 3 anos.
Tempo necessário: 5 minutos.
Preparo: fácil.
O que é promovido? Reconhecimento das letras, leitura do próprio nome e concentração.
Material: foto, tesoura e caneta.

Para este exercício, será necessária uma foto da criança. Corte a foto em tiras de acordo com o número das letras no nome dela. Em seguida, escreva uma letra na parte inferior ou superior de cada tira, de modo que o nome da criança possa ser lido quando o quebra-cabeça for montado corretamente.

PARES

Pense em alguns pares lógicos do dia a dia, como jaqueta + calça, garfo + faca, pote + tampa, escova de dente + pasta de dente, galo + galinha, garrafa + copo, maçã + árvore, cobertor + travesseiro etc. Imprima essas figuras em cartões individuais e ofereça à criança em uma cesta pequena.

Espalhe todos os cartões em uma área de trabalho. Pegue um cartão e descreva o que está nele. "Isto é uma bola." Procure o cartão correspondente. "A bola faz par com o gol. Com uma bola, você pode fazer gols." Coloque as duas cartas de lado, uma em cima da outra. Pegue outro cartão e pergunte à criança o que é mostrado nele. Em seguida, peça que ela encontre o cartão correspondente.

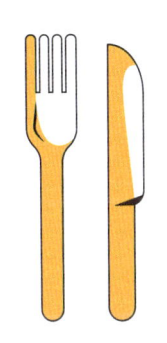

A partir de que idade?
3 anos.
Tempo necessário:
30 minutos.
Preparo: fácil.
O que é promovido?
Aumento do vocabulário.
Material: impressora e papel.

3 - 4 ANOS

CATEGORIZAÇÃO

Selecione várias categorias específicas de coisas familiares para a criança, como pássaros, móveis, alimentos, pessoas ou brinquedos. Procure um número igual de fotos para cada categoria e imprima-as em cartões do mesmo tamanho. Comece com cinco categorias e quatro imagens para cada. Com o tempo, mais imagens ou categorias podem ser adicionadas.

A partir de que idade?
3 anos.
Tempo necessário:
30 minutos.
Preparo: fácil.
O que é promovido?
Aumento do vocabulário, raciocínio lógico e atenção.
Material: impressora e papel.

Ofereça os cartões ilustrados em uma cesta e espalhe-os em uma área de trabalho. Pegue um cartão e descreva o que está nele, por exemplo: "Isto é um pato. O pato é um pássaro.". Coloque o cartão na área de trabalho. Pegue outro cartão da mesma categoria e comente novamente: "Isto é uma coruja. A coruja também é um pássaro." Coloque o segundo cartão ao lado do primeiro cartão da mesma categoria. Em seguida, pegue uma foto de outra categoria e descreva-a: "Isto é uma cadeira. A cadeira é um móvel.". Coloque este cartão distante dos outros para que a criança perceba a diferença entre as categorias. Permita que a criança continue o exercício.

Se a criança tiver dificuldades com o exercício, acrescente à área de trabalho um auxílio visual, como blocos, pompons ou pedrinhas de vidro de diferentes cores ou formas. Cada "marcador" pode representar uma categoria separada, e as imagens serão colocadas abaixo de cada um deles. Dessa forma, a criança poderá visualizar as diversas categorias e entender onde colocar os cartões.

LINGUAGEM E LEITURA

SACOLA DE LETRAS

O objetivo deste exercício é apresentar as letras de forma lúdica. Comece selecionando uma letra e, dentro da sacola, procure por pequenos objetos que comecem com o mesmo som. Escreva a letra, tanto a maiúscula quanto a minúscula, em um pedaço de papel e costure-a na parte externa da sacola, ou então plastifique o papel e coloque-o dentro da sacola.

Deixe a criança tirar os objetos da sacola, um a um. Pergunte a ela o que é cada objeto. Repita a palavra, dando ênfase ao som inicial. Quando todos os objetos tiverem sido retirados da sacola, mostre como esse som inicial comum é escrito, usando o papel em que anotou a letra.

A partir de que idade? 3 anos.
Tempo necessário: 10 minutos.
Preparo: fácil.
O que é promovido? Reconhecimento de sons iniciais e associação de uma letra a um som inicial.
Material: sacola, pequenos objetos, papel, caneta e utensílios de costura (opcional).

EU VEJO COM MEUS OLHINHOS

O jogo "Eu vejo" é popular entre pais e filhos, mas esta versão tem uma abordagem diferente. Em vez de procurar objetos de uma cor específica, o jogo envolve encontrar objetos com base no som inicial de uma palavra. É importante usar a pronúncia do som inicial em vez do nome da letra. Por exemplo, "mmm" em vez de "eme" para a letra M. Um exemplo de jogo seria: "Eu vejo algo que começa com 'mm'." "Uma maçã!".

Para começar, é importante estabelecer uma estrutura para o jogo, coloque pequenos objetos com diferentes sons iniciais em uma área de trabalho e faça referência a eles apenas durante o jogo. Isso ajuda a criança a praticar os sons iniciais necessários. Conforme a criança se torna mais habilidosa no jogo, é possível jogá-lo sem materiais, seja em casa ou no carro.

A partir de que idade? 3 anos.
Tempo necessário: 5 minutos.
Preparo: fácil.
O que é promovido? Conhecimento fonético e reconhecimento de sons iniciais.
Material: objetos pequenos.

LETRAS DE LIXA

As letras de lixa são um material clássico montessoriano para aprender a ler e escrever. Ainda são amplamente utilizadas em escolas Montessori, com o objetivo de tornar as letras concretas (táteis) para as crianças. Crianças aprendem a ler e a escrever com todos os seus sentidos.

As letras de lixa são formadas por cartões lisos e, em cada um deles, há uma letra representada com textura semelhante à lixa. A letra áspera pode ser traçada com o dedo na superfície lisa do cartão. Esses cartões podem ser adquiridos em lojas especializadas em materiais Montessori, mas costumam ser caros. Portanto, você pode optar por criá-los de maneira simples em casa.

Na abordagem Montessori, tradicionalmente as consoantes são representadas em vermelho, enquanto as vogais são azuis. Recorte cartões de aproximadamente 6 × 8 centímetros de papel *kraft* resistente em ambas as cores. Escreva as letras com cola *glitter*, disponível em lojas de artesanato. Após a secagem, as letras terão as características táteis desejadas. No método Montessori, as letras são introduzidas em cursiva, como explicado na parte teórica, nas noções montessorianas básicas sobre leitura e aquisição da linguagem **[ver página 22]**.

As letras de lixa podem ser usadas em várias atividades, por exemplo, ao introduzir uma nova letra (como na atividade "Sacola de letras"). Também é possível simplesmente espalhar as letras já conhecidas pela criança no chão e nomear os sons correspondentes a cada uma delas, que a criança deve repetir enquanto traça cada letra com a mão, satisfazendo assim o desejo de movimento. As letras de lixa também são úteis nos primeiros exercícios de escrita, conforme descrito na seção sobre habilidades motoras finas para crianças a partir de 3 anos.

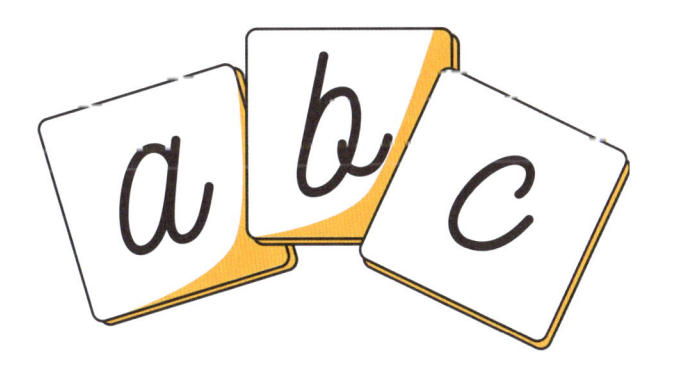

A partir de que idade?
3 anos.
Tempo necessário:
20 minutos.
Preparo: fácil.
O que é promovido?
Compreensão tátil e tracejamento de letras.
Material: papelão vermelho e azul e palitos de cola com *glitter*.

3 - 4 ANOS

LINGUAGEM E LEITURA

3 - 4 ANOS

OS SONS INICIAIS

A partir de que idade?
3 anos.
Tempo necessário:
20 minutos.
Preparo: fácil.
O que é promovido?
Reconhecimento dos sons iniciais e da letra correspondente.
Material: Impressora, papel e prendedores de madeira.

Prepare cartões com uma imagem claramente reconhecível no centro e três letras diferentes na parte inferior (esquerda, centro e direita). Uma dessas letras deve representar corretamente o som inicial da imagem mostrada. Disponha os cartões em uma bandeja e ao lado coloque uma cesta com pequenos prendedores de roupa de madeira, garantindo que o número de prendedores e de cartões seja igual. Pegue um cartão e descreva à criança o que está nele. "Isto é uma árvore. Começa com 'a'.". Em seguida, ponha o prendedor de madeira no local da letra correspondente. Peça à criança que continue o exercício.

Para que ela possa monitorar seu próprio trabalho (controle de erros), marque no verso do cartão o local em que o prendedor deve ser fixado corretamente. Dessa forma, ela poderá virar o cartão e verificar se escolheu a letra correta.

ASSOCIAÇÕES COM FORMA DE *CUPCAKE*

Para este exercício, é necessário que as crianças já tenham aprendido várias letras. Imprima pequenas imagens e coloque uma em cada forminha, garantindo que cada objeto tenha um som inicial que a criança já conheça. Prepare também uma cesta pequena contendo pedaços de papel com as letras iniciais dos objetos representados. Pegue um pedaço de papel e nomeie o som representado. Atribua o papel a uma imagem correspondente. "Isso é um 'mmm'. Macaco começa com 'mmm'." Coloque o papel na imagem correspondente. Peça à criança para continuar a atividade.

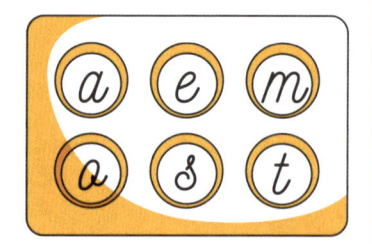

A partir de que idade?
3 anos.
Tempo necessário:
30 minutos.
Preparo: fácil.
O que é promovido?
Reconhecimento de sons iniciais e associação de uma letra a um som inicial.
Material: forma para assar *cupcake*, papel, caneta e impressora.

LINGUAGEM E LEITURA

MACIEIRA

Desenhe uma árvore em um pedaço de papel, pintando uma grande copa verde. Cole adesivos brancos na copa da árvore, com letras maiúsculas já conhecidas pela criança escritas. Em seguida, escreva as letras minúsculas correspondentes nos adesivos vermelhos (que representam as maçãs na árvore).

Aponte para uma letra na árvore e nomeie o som. "Este é um 'b' maiúsculo." Encontre a letra minúscula entre os adesivos vermelhos. "Este é um 'b' minúsculo." Cole o adesivo vermelho no lugar correto.

Dica: certifique-se de que os adesivos vermelhos possam ser facilmente removidos. A criança deve ser capaz de se concentrar completamente nas letras e não ficar frustrada por quaisquer problemas de motricidade fina. Os adesivos podem ser removidos mais facilmente ao retirar primeiro a borda branca

A partir de que idade?
3 anos.
Tempo necessário:
5 minutos.
Preparo: fácil.
O que é promovido?
Aprendizado de letras maiúsculas e minúsculas.
Material: papel, canetas e adesivos circulares (vermelhos e brancos).

3 – 4 ANOS

LINGUAGEM E LEITURA

RACIOCÍNIO MATEMÁTICO E LÓGICO

CLASSIFICAÇÃO DE PEQUENO A GRANDE

Peça à criança para organizar materiais do mesmo tipo, do menor para o maior. Botões de tamanhos variados, contas ou canudos de papel cortados em comprimentos diferentes são ótimos para essa atividade. Coloque os botões em uma tigela ou cesta pequena e, após separá-los, disponha-os em uma área de trabalho limitada. Explique à criança o que foi feito e deixe que ela repita o exercício. Você também pode ordenar os materiais do maior para o menor ou em direções alternadas.

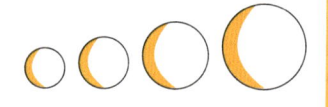

A partir de que idade? 3 anos.
Tempo necessário: 5 minutos.
Preparo: fácil.
O que é promovido? Compreensão dos tamanhos, precisão e capacidade de concentração.
Material: botões e contas ou canudos.

CRIAÇÃO DE FORMAS COM CANUDOS

A partir de que idade? 3 anos.
Tempo necessário: 5 minutos.
Preparo: fácil.
O que é promovido? Compreensão das formas e capacidade de concentração.
Material: canudos e papel.

Corte algumas folhas sulfite ao meio. Desenhe uma forma geométrica nas folhas usando uma caneta marcadora grossa, como um quadrado, um triângulo ou um hexágono. Escreva o nome da forma ao lado dela. No entanto, evite desenhar um círculo. Prepare canudos de papel para que a criança possa recriar as formas. Coloque os canudos em um recipiente sobre uma bandeja e posicione as folhas ao lado. Demonstre o exercício à criança com uma forma e a nomeie.

CORRESPONDÊNCIA DE FORMAS SEMELHANTES

Desenhe formas geométricas em um pedaço de papel, garantindo que sempre haja duas formas de aparência semelhante, como um círculo e um oval, um quadrado e um retângulo, ou um triângulo equilátero e um irregular. Peça à criança para ligar as formas similares. Se a criança já tiver mais prática nisso, pode-se adicionar variantes a uma forma básica, como um paralelogramo para os quadriláteros, ou desenhar novas formas, como um pentágono.

A partir de que idade?
3 anos.
Tempo necessário:
5 minutos.
Preparo: fácil.
O que é promovido?
Classificação de formas geométricas, percepção de diferenças, capacidade de categorização e habilidades de concentração.
Material: papel e caneta.

3 - 4 ANOS

MAIS OU MENOS

Imprima um total de dez a catorze cartões, formando pares nos quais os mesmos objetos estejam representados. Por exemplo, deve haver bolas em dois cartões, árvores em dois cartões e gatos em dois cartões. Adapte as figuras às preferências da criança e certifique-se de que o número de figuras em cada imagem seja fácil de reconhecer.

Ofereça à criança os cartões em um recipiente e espalhe-os em uma área de trabalho. Peça a ela que procure os dois cartões que contenham a imagem selecionada (por exemplo: "Onde estão os cartões com os gatos?"). A criança pegará esses cartões. Em seguida, peça que aponte para o cartão que tem menos figuras (por exemplo: "Em qual cartão você vê menos gatos?"). Depois que ela responder essa pergunta, coloque os cartões virados para cima, lado a lado. Prossiga da mesma forma com os cartões restantes, garantindo que os cartões com mais figuras e os com menos figuras estejam sempre empilhados uns sobre os outros.

A partir de que idade?
3 anos.
Tempo necessário:
30 minutos.
Preparo: fácil.
O que é promovido?
Compreensão de quantidades.
Material: impressora e papel.

RACIOCÍNIO MATEMÁTICO E LÓGICO

A ESCADA MARROM

Desenvolvida por Maria Montessori, a escada marrom é um material clássico de sua abordagem. Consiste em dez degraus (prismas), cada um com aproximadamente 20 centímetros de comprimento e seções quadradas com dimensões que variam entre 1 × 1 centímetros a 10 × 10 centímetros. Essa escada possibilita que a criança experimente as diferenças de tamanho e peso entre os degraus individuais, além de praticar termos linguísticos como "grosso" e "fino". Também a ajuda a perceber as distâncias diferentes. Além disso, a escada pode ser utilizada de diversas maneiras e integrada a outros jogos, como a construção de uma montanha-russa de bolinhas de gude.

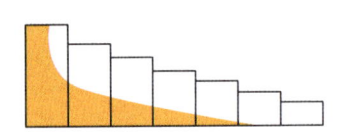

A partir de que idade?
3 anos.
O que é promovido?
Pesos, distâncias e tamanhos.
Material: escada marrom.

BARRAS VERMELHAS

A partir de que idade?
3 anos.
O que é promovido?
Reconhecimento dos diferentes comprimentos e lições de palavras.
Material: barras vermelhas.

As barras vermelhas são outro material popular na abordagem Montessori. Elas consistem em dez barras, cada uma medindo 2,5 × 2,5 centímetros. A barra menor tem 10 centímetros de comprimento, enquanto a mais comprida tem 1 metro. Cada barra subsequente é sempre 10 centímetros maior que a anterior. Essas barras ajudam as crianças a compreender com mais facilidade as diferenças de comprimento e a aprender as palavras "comprido" e "curto" de forma clara. Além disso, as barras vermelhas preparam a criança para a contagem e os primeiros cálculos. Organize as barras no chão por ordem de tamanho e, em seguida, retire duas ou três barras, pedindo à criança que as devolva aos lugares corretos.

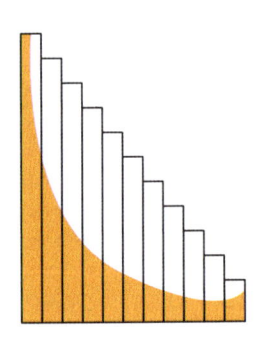

ENCAIXE DE FORMAS

Ofereça à criança um brinquedo de encaixe no qual várias formas devem ser inseridas no lugar certo. Se a criança não quiser brincar sozinha, aproveite a oportunidade para nomear as formas assim que elas forem escolhidas.

A partir de que idade?
3 anos.
O que é promovido?
Habilidades motoras finas, compreensão das formas e concentração.
Material: formas geométricas de encaixe.

TÁBUA PARA TRACEJAR NÚMEROS

Tábuas de madeira com números de um a dez entalhados em baixo relevo estão disponíveis para compra em lojas de materiais Montessori.
A criança pode contornar os números com os dedos ou com um lápis de madeira, aprendendo a escrever os números e a aplicar a força de maneira adequada.

A partir de que idade?
3 anos.
O que é promovido?
Habilidades motoras finas e reconhecimento de números.
Material: tábua com números em baixo relevo.

CONTAGEM CORRETA

Guarde dez rolos vazios de papel higiênico e enumere-os de um a dez, de forma clara e na mesma altura. Apresente-os à criança em um ambiente de trabalho preparado. Ao lado, coloque um recipiente com palitos de madeira. A tarefa consiste em inserir o número correto de palitos de madeira em cada rolo, de acordo com o número marcado.

A partir de que idade?
3 anos.
Tempo necessário:
10 minutos.
Preparo: fácil.
O que é promovido?
Contagem, concentração e precisão.
Material: rolos de papel higiênico e palitos de madeira (palitos de picolé).

3 – 4 ANOS

RACIOCÍNIO MATEMÁTICO E LÓGICO

ENCAIXE DE NÚMEROS

A partir de que idade?
3 anos.
O que é promovido?
Reconhecimento de números e habilidades motoras finas.
Material: números de encaixe.

Apresente à criança um brinquedo de encaixe de números, no qual vários números devem ser colocados nos locais corretos. Esses brinquedos estão disponíveis em diferentes versões. Na versão mais simples, apenas os números devem ser inseridos. Outras versões do brinquedo podem exigir que o número correspondente de anéis seja colocado em hastes acima dos números, ou podem incluir peças de encaixe que representam a quantidade de pontos correspondente ao número.

IDENTIFICAÇÃO DE SEQUÊNCIAS LÓGICAS

Pense em algumas sequências lógicas de imagens, cada uma composta por três a quatro imagens, tais como:

- Uma maçã – uma maçã mordida uma vez – uma maçã quase toda consumida – o centro da maçã
- Um bebê – uma criança que começa a andar – uma criança mais velha – um adolescente
- Sementes caindo em um buraco na terra – uma planta em crescimento – uma planta adulta
- Uma banana – uma banana parcialmente descascada – uma banana completamente descascada

Imprima essas sequências de imagens e corte-as para fazer cartões do mesmo tamanho. É recomendável plastificá-los para prolongar sua durabilidade. Disponha uma sequência de figuras por vez em uma superfície preparada e convide a criança a organizá-las na ordem correta. Repita o mesmo procedimento com as outras sequências lógicas.

A partir de que idade?
3 anos.
Tempo necessário:
40 minutos.
Preparo: médio.
O que é promovido?
Raciocínio lógico, concentração e atenção.
Material: papel, impressora e uma máquina plastificadora (opcional).

TREINAMENTO SENSORIAL

EXERCÍCIO DE ORDENAÇÃO

Procure em sua residência materiais que possam ser classificados ou ordenados. Botões e contas de diferentes cores e tamanhos são opções ideais para essa atividade. Apresente-os à criança em um recipiente e disponha-os em uma área de trabalho para que ela possa manipulá-los e organizá-los. Comece ordenando alguns objetos por cor ou tamanho. Narre suas ações, nomeando as cores ou agrupando os itens em categorias como "grandes", "pequenos" e "médios". Encoraje a criança a tentar fazer o mesmo. Em seguida, também é possível alterar a forma de classificação e ordenar as peças por cor depois de tê-las organizado por tamanho. Há a possibilidade de a criança ter uma ideia completamente diferente sobre como classificar os objetos. Envolva-se com o processo.

A partir de que idade?
3 anos.
Tempo necessário:
5 minutos.
Preparo: fácil.
O que é promovido?
Percepção de cores e tamanhos.
Material: botões e contas.

MISTURA DE CORES

Coloque pequenas quantidades de cores diferentes em uma paleta de mistura e convide a criança a experimentar o efeito da combinação dessas cores.

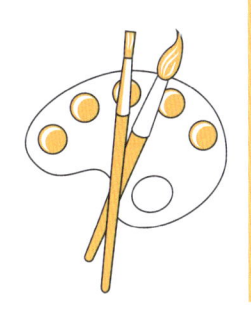

A partir de que idade?
3 anos.
Tempo necessário:
5 minutos.
Preparo: fácil.
O que é promovido?
Percepção de cores e conhecimento sobre a roda de cores.
Material: tintas acrílicas ou para pintura a dedo.

MASSINHA DE MODELAR

A partir de que idade?
3 anos.
O que é promovido?
Tato, criatividade e habilidades motoras finas.
Material: massinha espuma de modelar, conhecida como *Playfoam*.

A massinha espuma de modelar, também conhecida como *Playfoam*, é composta por pequenas bolas de isopor que se juntam facilmente umas às outras, mas não grudam nas roupas ou nas mãos. Essa característica a torna ideal para brincar de forma criativa e criar uma variedade de figuras.

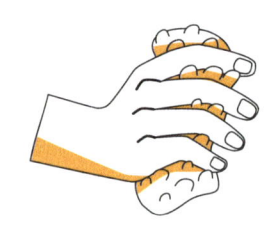

CLASSIFICAÇÃO DE LIXA E PAPEL COMUM

Para este exercício, serão necessárias lixas (grossas e finas) e folhas de papel de diferentes gramaturas (desde papel sulfite até papelão). Os pedaços cortados devem ser colocados em uma tigela pequena em uma área de trabalho preparada. Primeiramente, retire da tigela um pedaço de papel, sinta sua textura com os dedos e nomeie-o como "liso" ou "áspero". Coloque-o do lado direito ou esquerdo da área de trabalho. Em seguida, pegue outro pedaço de papel, de preferência diferente do primeiro, nomeie sua textura e coloque-o do outro lado. Então, peça à criança para ordenar os pedaços de papel restantes nas categorias "liso" e "áspero".

A partir de que idade?
3 anos.
Tempo necessário:
10 minutos.
Preparo: fácil.
O que é promovido?
Tato e vocabulário.
Material: lixas e folhas de papel de diferentes gramaturas.

CLASSIFICAÇÃO DE LIXAS

A partir de que idade?
3 anos.
Tempo necessário:
5 minutos.
Preparo: fácil.
O que é promovido?
Tato.
Material: lixas de diferentes gramaturas.

Em uma loja de ferragens, é possível adquirir lixas de diferentes gramaturas (grossas e finas). Recorte uma tira de aproximadamente 3 × 8 centímetros de cada uma delas. Coloque as tiras em uma tigela ou em uma pequena caixa e disponha-as sobre uma superfície de trabalho. Pegue uma tira e sinta-a com cuidado, colocando-a na superfície. Em seguida, pegue outra tira, sinta-a também. Toque na primeira tira novamente para compará-la e, em seguida, coloque a segunda tira à esquerda ("Esta é mais lisa.") ou à direita ("Esta é mais áspera."). Então, convide a criança para tentar fazer o mesmo. Como este exercício é bastante desafiador, sinta-se à vontade para ajudar a criança.

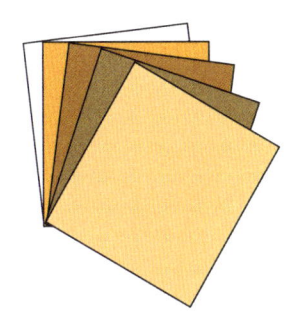

3 - 4 ANOS

TREINAMENTO SENSORIAL

ATIVIDADES DA VIDA PRÁTICA

ROTINA SEMANAL

A partir dos 3 anos de idade, muitas crianças começam a se interessar pelo significado de termos como "hoje" e "amanhã". Um calendário com a rotina da semana pode ajudá-las a se orientar e visualizar os eventos futuros, o que facilita a organização de transições que podem ser desafiadoras para as crianças pequenas. Existem diversas maneiras de criar um calendário com a rotina semanal. É possível comprar modelos de calendário prontos na internet, mas criar o seu próprio calendário é mais econômico. Para isso, pendure um quadro branco magnético na parede com dimensões de 40 × 60 centímetros, por exemplo. Busque ícones facilmente reconhecíveis na internet para representar as atividades rotineiras de sua casa. Para reuniões ou visitas com amigos e familiares, use fotos que ilustrem essas atividades. Imprima essas imagens em tamanhos semelhantes, plastifique-as e fixe tiras magnéticas nas costas das imagens.

Atenção: evite colar ímãs pequenos diretamente na parte de trás das imagens, especialmente se houver crianças mais novas em casa, pois eles podem se soltar e ser engolidos, representando um sério risco à vida se mais de um ímã for consumido.

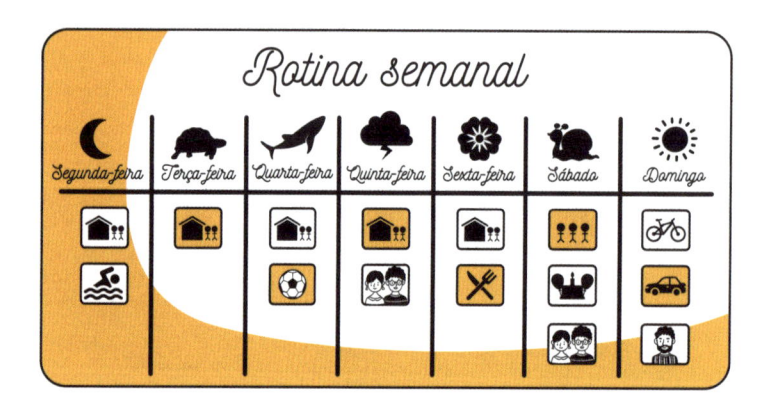

A partir de que idade?
3 anos.
Tempo necessário:
1 hora.
Preparo: médio.
O que é promovido?
Compreensão da passagem do tempo.
Material: quadro branco, impressora, papel, fita adesiva magnética e máquina plastificadora.

QUADRO METEOROLÓGICO

É possível integrar informações meteorológicas à rotina semanal. Uma abordagem interessante é criar um quadro meteorológico independente, que possa ser ajustado de acordo com as condições climáticas atuais, junto com a criança. Para isso, pode ser utilizada uma placa de compensado fina no formato A4. Pense nas informações que deseja exibir em seu quadro meteorológico. Alguns itens comuns são:

- Temperatura, representada por vários termômetros com código de cores (vermelho para quente e azul para frio).
- Ícones indicando a cobertura de nuvens, como sol, nublado, chuva, trovoadas etc.
- Ícones representando os ventos, desde tracinhos para ventos fracos até a imagem de um tornado para ventos fortes.

Divida seu quadro de acordo com esses elementos e imprima os ícones correspondentes. Plastifique ou cole em pequenos círculos de madeira adequados para artesanato. Em seguida, aplique velcro na parte de trás dos ícones e na madeira, para ajudar a fixar os diferentes símbolos meteorológicos. Fixe o quadro meteorológico na parede ou coloque-o em um local bem visível.

A partir de que idade?
3 anos.
Tempo necessário:
1 hora.
Preparo: médio.
O que é promovido?
Compreensão do clima.
Material: placa de compensado, impressora, papel, máquina plastificadora, círculos de madeira e velcro em pequenos círculos.

LAVAR ALGO

A maioria das crianças adora brincar com água. Particularmente no início da primavera ou depois de um dia lamacento, convide a criança a lavar algo do lado de fora de casa, idealmente algo pertencente à própria criança, como uma bicicleta de equilíbrio ou um patinete. Essa atividade proporciona à criança um sentimento de realização e autoconfiança, especialmente ao lidar com sujeira acumulada. Certifique-se de que a criança tenha todos os itens necessários para essa atividade, como um balde com água e os utensílios de limpeza apropriados.

A partir de que idade?
3 anos.
Tempo necessário:
5 minutos.
Preparo: fácil.
O que é promovido?
Autonomia e autoconfiança.
Material: balde com água e utensílios de limpeza.

LAVAR AS MÃOS

A lavagem adequada das mãos é uma habilidade que deve ser aprendida e, para isso, pode-se adotar duas abordagens: certifique-se de que a água esteja ao alcance da criança, o que pode ser feito colocando um banquinho em frente à pia. Caso necessário, considere utilizar uma extensão para a torneira. Além disso, seria interessante montar uma cozinha infantil funcional e pequena. Garanta também que o sabonete, seja em barra ou líquido, esteja acessível. Imprima figuras com as etapas da lavagem das mãos, plastifique e pendure em um local bem visível acima da pia. A criança agora poderá lavar as mãos de acordo com as instruções e internalizará esse processo.

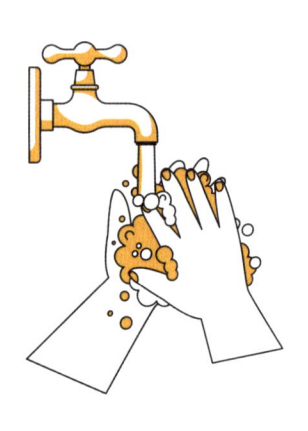

A partir de que idade?
3 anos.
Tempo necessário:
15 minutos.
Preparo: fácil.
O que é promovido?
Autonomia e autoconfiança.
Material: impressora e máquina plastificadora.

O QUE VEM PRIMEIRO?

Certamente, existem algumas rotinas recorrentes em sua casa, como se vestir e se lavar pela manhã, se reunir para uma refeição, incluindo pôr a mesa e lavar as mãos, ou o ritual noturno. Tire fotos dessas rotinas ou pesquise na internet por imagens correspondentes. Coloque as fotos pertencentes a uma das rotinas sobre uma área de trabalho e solicite à criança que as organize na ordem correta. Se a criança tiver problemas com transições, pendure a sequência de imagens no local onde essa atividade costuma ocorrer. Isso oferecerá mais orientação e segurança à criança.

A partir de que idade?
3 anos.
Tempo necessário:
20 minutos.
Preparo: fácil.
O que é promovido?
Internalização de rotinas.
Material: impressora e máquina plastificadora (opcional).

CADEADOS

A partir de que idade?
3 anos.
Tempo necessário:
5 minutos.
Preparo: fácil.
O que é promovido?
Habilidades motoras finas e autoconfiança.
Material: vários cadeados com suas respectivas chaves.

Encontre diferentes cadeados e coloque-os em uma bandeja junto com as chaves. Demonstre à criança como abrir um cadeado e encoraje-a a repetir essa ação. Inicialmente, pode ser desafiador, mas, com a prática, a criança internalizará o processo. Para simplificar o exercício, prenda a chave ao cadeado correspondente com um barbante. A atividade se torna mais complexa quando as chaves ficam separadas na bandeja, pois exige que a criança encontre a chave correta, e depois abra o cadeado.

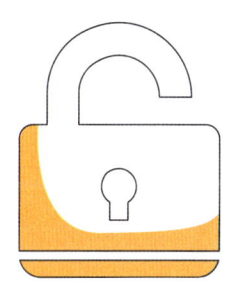

ASSOAR O NARIZ

Para crianças pequenas, aprender a assoar o nariz da maneira correta pode ser um desafio. Especialmente durante o frio, ajude-as a aprimorar essa habilidade. Prepare um local de armazenamento, como uma mesa ou um banquinho. Sobre ela, coloque um pequeno espelho e alguns lenços. Se estiver usando lenços descartáveis, retire-os do pacote com antecedência para facilitar o acesso. No entanto, evite colocar muitos lenços, para evitar o desperdício. Além disso, disponha um pequeno recipiente ao lado ou embaixo da área de armazenamento para que os lenços usados possam ser descartados adequadamente. Se necessário, forneça ilustrações simples para mostrar à criança as etapas envolvidas em assoar o nariz, como pegar um lenço, assoar o nariz, jogar o lenço fora e lavar as mãos.

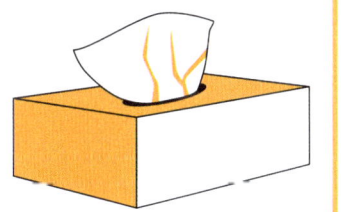

A partir de que idade?
3 anos.
Tempo necessário:
20 minutos.
Preparo: fácil.
O que é promovido?
Autonomia e autoconfiança.
Material: mesa ou banqueta, espelho, balde pequeno, lenços de papel e impressora.

ESPREMER LARANJAS

A partir de que idade?
3 anos.
Tempo necessário:
5 minutos.
Preparo: fácil.
O que é promovido?
Habilidades motoras, autonomia e autoconfiança.
Material: laranjas e espremedor de laranjas.

Espremer laranjas é uma experiência satisfatória. É uma atividade sensorial atraente e motoramente desafiadora, pois a força deve ser usada com precisão. Além disso, no final, obtém-se diretamente um resultado visível.

LIMPEZA DE JANELAS E ESPELHOS

Quem tem crianças pequenas sabe que janelas e espelhos não costumam ficar limpos por muito tempo. Felizmente, as crianças pequenas também gostam de limpar superfícies de vidro. Envolva a criança nessa atividade, dando a ela um borrifador e um pano adequado. Primeiro, mostre como lavar a superfície. A criança ficará feliz em imitar as ações dos pais. Depois, se desejar, limpe a superfície novamente.

A partir de que idade?
3 anos.
Tempo necessário:
5 minutos.
Preparo: fácil.
O que é promovido?
Habilidades motoras, força, autonomia e autoconfiança.
Material: superfícies de vidro, como espelhos ou janelas.

ORGANIZAÇÃO DAS MEIAS

A partir de que idade?
3 anos.
Tempo necessário:
5 minutos.
Preparo: fácil.
O que é promovido?
Autonomia e autoconfiança.
Material: meias.

Agora, as crianças podem começar a guardar a roupa lavada. Retire da gaveta todas as meias da criança e peça a ela que encontre os pares correspondentes, colocando-os um em cima do outro. O procedimento de dobrar as meias da maneira correta pode ser ensinado quando ela estiver mais velha.

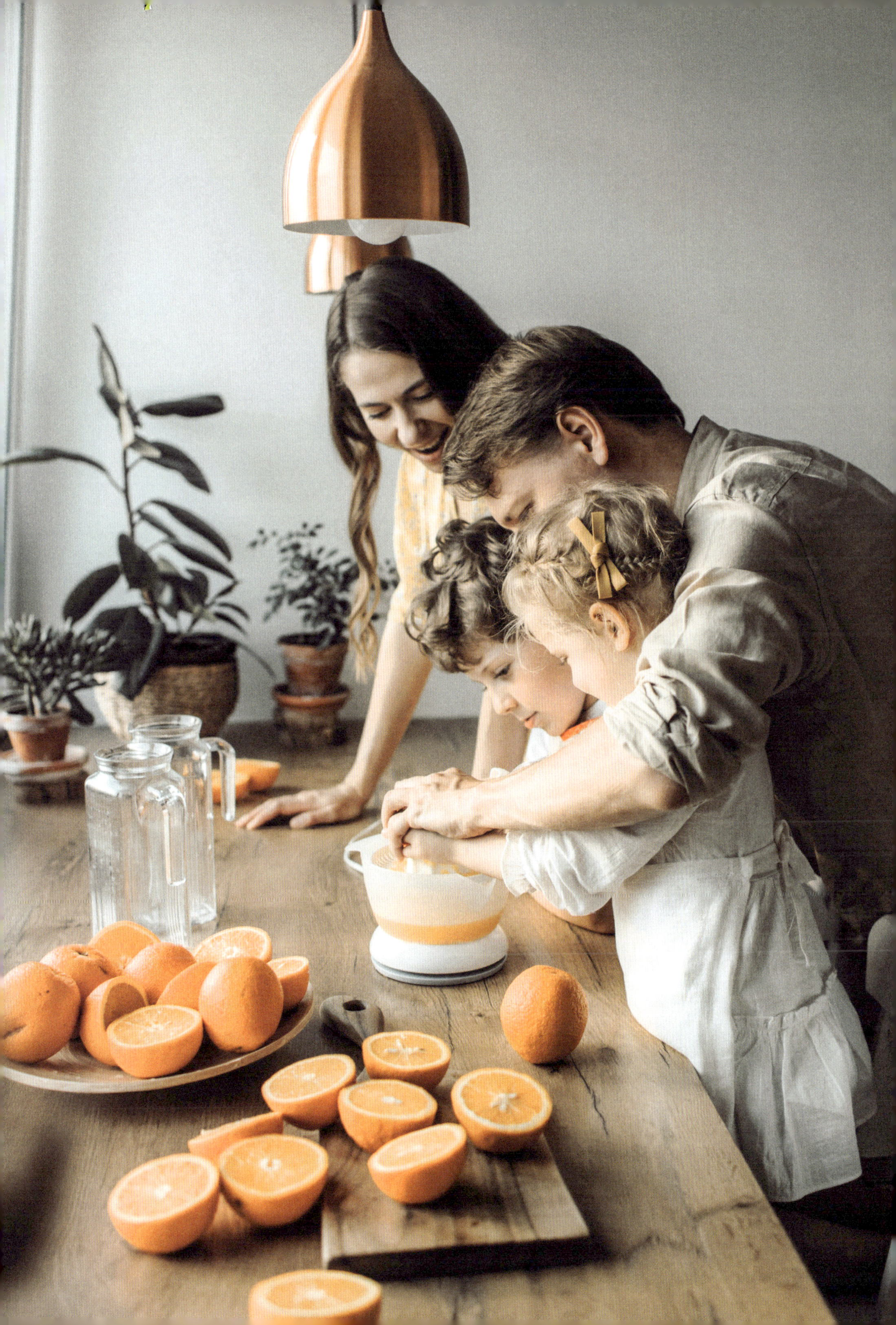

O DESENVOLVIMENTO DA CRIANÇA AOS QUATRO ANOS
~

Linguagem

Por volta do quarto aniversário, a criança consegue formar frases de pelo menos quatro palavras. Ela usa palavras que ouviu em uma música, poema ou cantiga de roda, e já sabe falar sobre pelo menos uma coisa que vivenciou durante o dia. A criança responde a perguntas simples e usa frases corretas, com orações subordinadas curtas.

Pouco antes de completar 5 anos de idade, o vocabulário passivo da criança aumenta para 9 mil a 14 mil palavras, e o vocabulário ativo já está entre 3 mil e 5 mil palavras. O vocabulário se torna cada vez mais diferenciado, de modo que a criança entende a diferença entre boné, chapéu e gorro, e sabe usar essas palavras corretamente. Ela compreende até mesmo termos abstratos, como "amor" e "medo". As habilidades gramaticais da criança estão se aprimorando progressivamente. Agora, ela está aprendendo a formar frases passivas, como "Eles foram ajudados". Além disso, suas habilidades narrativas estão melhorando, e ela tem mais facilidade para contar histórias ou descrever experiências em detalhes.

A consciência fonológica está em desenvolvimento, e a criança começa a perceber que as palavras são formadas por sílabas e sons. Ela demonstra habilidades como rimar e reconhecer palavras com o mesmo som inicial.[35]

Desenvolvimento cognitivo

A criança demonstra a capacidade de reconhecer quantidades até três e contar corretamente objetos até cinco, sem realmente ter a consciência do que é contar. Além disso, ela é capaz de observar várias características ao mesmo tempo, como cor, forma e tamanho, e resolver quebra-cabeças com pelo menos dez peças. A criança também consegue seguir linhas com precisão e identificar formas isoladas. Suas habilidades de montagem estão se aprimorando, sendo capaz de criar estruturas mais detalhadas, como casas, veículos e animais reconhecíveis, usando peças de Lego.[32, 33]

Habilidades motoras finas

Aos 4 anos, a criança desenvolve a habilidade de traçar formas e linhas simples, e seus desenhos se tornam mais detalhados, substituindo as figuras de cabeças com pés e braços por bonecos de palito. Algumas crianças começam a segurar o lápis com uma empunhadura de três pontos, utilizando o polegar, o indicador e o dedo médio. Entretanto, ao contrário de crenças ultrapassadas, essa empunhadura não é obrigatória, mesmo no início da escola. Ao ingressar na escola, espera-se que a criança segure a caneta de maneira que possa escrever rapidamente e sem esforço por um tempo. A empunhadura de quatro pontos também pode ser apropriada, mas, se houver dúvidas, é recomendado entrar em contato com o pediatra. Nesta fase, a criança é capaz de cortar ao longo de uma linha com uma tesoura, cortar frutas e legumes com uma faca adequada e utilizar garfo e faca durante as refeições. Ela já consegue comer com garfo e faca, espalhar manteiga (geleia etc.) ou rechear o próprio pão, manusear a cola e distribuí-la de forma correta e fazer figuras simples com argila.[32, 33]

Habilidades motoras grossas

A criança é capaz de pegar e jogar uma bola com as duas mãos. Seu equilíbrio, por exemplo em troncos de árvores e meios-fios, torna-se cada vez mais firme. A criança consegue andar para trás e, ao final do quinto ano, já sabe subir e descer escadas em passos alternados sem se segurar. A criança pula sobre pequenos obstáculos e consegue dar cambalhotas. Ela se move ao som de música, mesmo que ainda fora do ritmo.[32, 33]

Comportamento social

Aos 4 anos, a criança já passou por um grande desenvolvimento. Ela agora é capaz de sentir empatia pelos outros. Pergunte a uma criança de 3 anos o que ela daria de presente de aniversário para a "vovó", e é quase certo que ela indicará um brinquedo, porque é algo que ela mesma gostaria de ganhar. Ela ainda não é capaz de imaginar o que a avó gostaria de ganhar. Uma criança de 4 anos já completou esse estágio do desenvolvimento. Ela agora também é capaz de pedir desculpas sinceras, pois percebe que causou sofrimento a outra pessoa. Esse desenvolvimento não pode ser acelerado, pois requer um certo nível de maturidade cerebral que só se desenvolve com o tempo.[37, 38]

A criança está estabelecendo suas primeiras amizades e, ocasionalmente, já tem um melhor amigo. Ela demonstra uma maior habilidade em seguir regras e rotinas, e um crescente interesse em jogar de acordo com as regras, embora nem sempre as siga rigorosamente ou proponha suas próprias regras. Ela está adquirindo uma melhor capacidade de regular suas próprias emoções e de reconhecer as emoções dos outros. Além disso, ela expressa sua própria opinião. Sua independência está aumentando, pois ela já sabe ir ao banheiro, se despir e se vestir sozinha. A criança participa ativamente de brincadeiras de faz de conta.[32, 33]

EDUCAÇÃO CÓSMICA

CICLOS DA VIDA

O exercício pode ser usado para ensinar a criança sobre o ciclo de vida de animais e plantas. Cole quatro pontos de velcro em um pedaço de papelão para formar um círculo. Em seguida, desenhe uma seta curva de um ponto ao outro para representar esse ciclo.

Crie cartões para os ciclos de vida de diversos animais e plantas. Para isso, considere incluir as seguintes figuras:

- grão (do plantio à colheita)
- flor (semente, broto, flor, flor murcha)
- árvore que perde as folhas no decorrer das estações do ano
- mamífero (um cachorro, por exemplo)
- sapo ou peixe
- borboleta
- galinha

Imprima quatro cartões arredondados para cada estágio correspondente da vida. Para facilitar a identificação, codifique os cartões por cores (por exemplo, utilize uma moldura amarela para o estágio de grão, uma vermelha para o estágio de flor etc.). Cole um ponto de velcro na parte de trás de cada cartão para que possam ser fixados nos pontos de velcro do papelão.

Primeiramente, ofereça à criança quatro conjuntos de cartões, cada um em uma cesta. Coloque a caixa de papelão em uma área de trabalho e escolha uma cesta. Espalhe os cartões e diga em voz alta: "Primeiro, o pintinho está no ovo. Depois, ele sai do ovo. Em seguida, é um pintinho bebê e, quando cresce, se torna uma galinha.". Ponha o cartão que corresponde às declarações nos pontos de velcro para criar um ciclo de vida correto. Remova os cartões e permita que a criança monte seu próprio ciclo.

A partir de que idade?
4 anos.
Tempo necessário:
40 minutos.
Preparo: médio.
O que é promovido?
Conhecimento sobre os ciclos da vida de diversos animais e plantas.
Material: papelão, impressora, cola, velcro e tesoura.

SERES VIVOS E NÃO VIVOS

Procure alguns objetos em sua casa que representem seres vivos e não vivos. Por exemplo:

- **Vivos:** bonequinhos de animais, Playmobil, várias frutas ou vegetais
- **Não vivos:** um botão, uma caneta, uma colher, um pente

Sobre uma bandeja, coloque todos os objetos juntos em uma cesta. Realize a atividade com a criança em uma área de trabalho. Retire um objeto qualquer da cesta, nomeie-o ("Isto é uma colher.") e informe se o objeto representa um ser vivo ou não ("A colher não está viva."). Na área de trabalho, coloque-o no lado direito ou no esquerdo. Em seguida, escolha deliberadamente um objeto da outra categoria: "Este é um cachorro. Os cachorros estão vivos.". Coloque o bonequinho do outro lado da área de trabalho. Ofereça à criança a oportunidade de continuar a atividade. Ela talvez se surpreenda ao descobrir que as plantas também são seres vivos. Se desejar, use isso como ponto de partida para uma conversa interessante.

A partir de que idade? 4 anos.
Tempo necessário: 5 minutos.
Preparo: fácil.
O que é promovido? Compreensão dos seres vivos.
Material: objetos pequenos e bonequinhos.

4 - 5 ANOS

GLOBO INFANTIL

A partir de que idade? 4 anos.
O que é promovido? Conhecimento de geografia e conhecimento sobre diferentes países e pessoas.
Material: globo infantil.

Os globos infantis costumam ter menos detalhes do que os globos convencionais. A criança pode selecionar um país (ou continente) diariamente, sobre o qual os pais e a criança podem pesquisar juntos em uma enciclopédia infantil. Também é possível buscar informações sobre o país na internet e mostrar imagens selecionadas à criança. Essa abordagem pode estimular o interesse pela geografia. Além disso, existem alguns globos interativos que oferecem informações sobre o país ao pressionar a região correspondente.

EDUCAÇÃO CÓSMICA

QUEBRA-CABEÇAS MULTICAMADAS

Quando a criança demonstra interesse por quebra-cabeças, os pais muitas vezes passam a comprar quebra-cabeças com um número maior de peças. No entanto, também existem os chamados quebra-cabeças em camadas (geralmente feitos de madeira), nos quais diferentes figuras podem ser colocadas em vários níveis sobre a mesma base. Esses quebra-cabeças frequentemente possuem valor educacional. Por exemplo, existem quebra-cabeças de anatomia nos quais o esqueleto, os órgãos, os vasos sanguíneos e a pessoa com roupas são montados em camadas individuais. Outros quebra-cabeças focam em animais e representam o ciclo de vida de um animal específico, como um sapo.

Esses quebra-cabeças oferecem uma excelente oportunidade para iniciar conversas com a criança. Dependendo da figura, é possível nomear as partes individuais das camadas correspondentes ou explicar os processos envolvidos nos temas.

A partir de que idade?
4 anos.
O que é promovido?
Atenção, concentração e conhecimento sobre anatomia ou biologia.
Material: quebra-cabeças em camadas.

ÍMÃS

A maioria das crianças são fascinadas pela força invisível do magnetismo. Reúna alguns objetos magnéticos (talheres, parafusos, clipes de papel, rebites, botões de metal etc.) e alguns não magnéticos. Em uma bandeja, disponha esses objetos em uma pequena cesta ao lado de um ímã grande. Retire um objeto da cesta e pergunte à criança o que acontecerá quando o ímã se aproximar dele. A criança poderá testar sua suposição. Em seguida, deixe-a separar os objetos em duas categorias, magnéticos e não magnéticos, colocando-os do lado esquerdo ou do lado direito da área de trabalho. Posteriormente, a criança pode explorar a casa em busca de mais objetos magnéticos com o ímã.

A partir de que idade?
4 anos.
Tempo necessário:
5 minutos.
Preparo: fácil.
O que é promovido?
Compreensão da física e atenção.
Material: ímã grande, objetos ferromagnéticos e não ferromagnéticos.

ANATOMIA

Adquira um livro infantil sobre o corpo humano ou pegue emprestado na biblioteca. Imprima esquematicamente órgãos importantes (o coração, os pulmões, o cérebro, o estômago, os intestinos) em cartões. Adquira miniaturas de plástico dos órgãos correspondentes. Em uma bandeja, disponha os objetos e os cartões em duas cestas diferentes. Espalhe os cartões na área de trabalho e coloque uma miniatura sobre o cartão correspondente, nomeando o órgão. Permita que a criança faça o mesmo com os outros cartões.
Vocês ainda podem explorar outros órgãos no livro, caso tenham interesse.

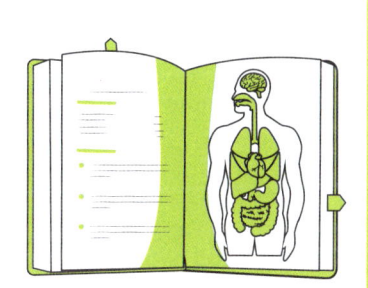

A partir de que idade?
4 anos.
Tempo necessário:
20 minutos.
Preparo: fácil.
O que é promovido?
Conhecimento sobre o corpo humano e atenção.
Material: um livro sobre o corpo humano, impressora, tesoura e miniaturas de órgãos humanos.

EXPERIMENTO DE ATRAÇÃO ELETROSTÁTICA

A partir de que idade?
4 anos.
Tempo necessário:
5 minutos.
Preparo: fácil.
O que é promovido?
Compreensão da física, curiosidade e atenção.
Material: balão, pano de microfibra ou feltro e confete.

Os experimentos são excelentes para despertar a curiosidade da criança sobre uma área da ciência e explicar para ela de maneira divertida. Para este experimento, encha um balão e coloque-o em uma bandeja com um pano de microfibra ou feltro e pedacinhos de papel ou confetes. Peça à criança para descrever o que ela vê primeiro. Planeje o experimento: "Vamos esfregar o balão com o pano e segurá-lo sobre os confetes.". Incentive a criança a fazer suposições sobre o resultado do experimento: "O que você acha que vai acontecer?". Em seguida, a criança pode realizar o experimento sozinha. Peça a ela para descrever o que acabou de ver. Depois, nomeie o fenômeno: "Isto se chama atração eletrostática.".

DETETIVE DE ÁRVORES

Para este exercício, corte um pedaço resistente de papelão em formato de uma lupa grande. Com um lápis, desenhe uma lupa no papelão com cerca de 25 centímetros, incluindo o cabo. Certifique-se de que o aro tenha pelo menos 2 centímetros de espessura. Depois, recorte com cuidado a lupa com um estilete, removendo a área central para criar um espaço vazio onde a lente normalmente estaria, permitindo que a criança olhe através dela. Logo depois, pesquise na internet por fotos de árvores comuns em sua área e procure imagens de suas folhas e sementes ou castanhas. Imprima as fotos e cole-as no aro da lupa, junto com seus respectivos nomes. A criança, então, poderá levar a lupa em suas caminhadas e, ao observar uma árvore, compará-la diretamente com as representações das árvores presentes no aro da lupa, facilitando o reconhecimento das diferentes espécies.

A partir de que idade?
4 anos.
Tempo necessário:
30 minutos.
Preparo: médio.
O que é promovido?
Atenção, capacidade de observação e conhecimento da natureza.
Material: papelão, estilete, impressora, papel, tesoura e cola.

EXPERIMENTO "AFUNDA OU FLUTUA"

Para realizar este experimento, encha uma tigela funda com água e coloque vários objetos pequenos na superfície para observar se eles afundam ou flutuam.

Coloque a tigela cheia de água em uma bandeja e disponha vários objetos em uma pequena cesta ao lado dela. Alguns itens apropriados para o experimento incluem um pedaço de papel, um clipe de papel, uma moeda pequena, uma tampa de plástico ou papel alumínio, um bonequinho de plástico (Lego ou Playmobil) e um palito de dente. Escolha um objeto e peça à criança para prever o que acontecerá quando ele for colocado na superfície da água. Após a criança fazer sua suposição, ela poderá verificar sua hipótese, colocando o objeto na água com cuidado. Os objetos podem então ser classificados em duas categorias: os que afundam e os que flutuam na água. Junto com a criança, reflita sobre por que algumas coisas afundam enquanto outras flutuam.

A partir de que idade?
4 anos.
Tempo necessário:
5 minutos.
Preparo: fácil.
O que é promovido?
Curiosidade e compreensão da física.
Material: pequenos objetos que flutuam ou afundam na água.

PREPARAÇÃO DE COMIDA PARA PÁSSAROS E OBSERVAÇÃO DE PÁSSAROS

Cuidar do próximo é um aspecto fundamental do método Montessori. Durante o inverno, uma atividade interessante é preparar comida para pássaros, que pode ser usada para atraí-los e observá-los.

Serão necessários 700 g de uma mistura de grãos, flocos de aveia, sementes e nozes, e 500 g de óleo de coco. Primeiramente, aqueça o óleo em uma panela e adicione a mistura de grãos, mexendo bem os ingredientes. É recomendável usar as formas de silicone. Para evitar vazamentos excessivos, adicione apenas uma pequena quantidade de massa à forma, e deixe assentar antes de adicionar o restante. Faça isso ao ar livre no frio para que a massa solidifique completamente. Em seguida, insira um pequeno espeto de madeira em cada forma e coloque as formas na geladeira para solidificar completamente a mistura. Depois de solidificada, remova os palitos e passe um barbante pelo furo.

Pendure os alimentos prontos em um local apropriado no jardim ou na varanda, preferencialmente em áreas sombreadas, para evitar que a gordura se liquefaça sob o sol. Junto com a criança, observe os pássaros, utilizando binóculos infantis, se disponíveis. Gradualmente, mova a cada dia os alimentos um pouco mais para perto da janela, para que os pássaros se acostumem com a presença de pessoas e para que a criança tenha uma visão mais próxima dos pássaros enquanto eles se alimentam.

Se a criança mostrar interesse na atividade, ofereça alguns cartões com fotos das aves que são frequentemente avistadas no jardim ou no local de alimentação, para que a criança separe os cartões das aves observadas naquele dia. Além disso, existem muitos livros de observação de aves que apresentam informações sobre as espécies preparados especialmente para crianças.

A partir de que idade?
4 anos.
Tempo necessário:
15 minutos (mais 2 horas de resfriamento).
Preparo: médio.
O que é promovido?
Comportamento de cuidado, senso de responsabilidade, atenção e curiosidade.
Material: 700 g de grãos, flocos de aveia ou similares, 500 g de óleo de coco, forminhas de assar, espeto de madeira, barbante e um binóculo infantil (opcional).

4 - 5 ANOS

EDUCAÇÃO CÓSMICA

HABILIDADES MOTORAS FINAS

POMPONS E PINÇAS

Os pompons são excelentes para uma variedade de exercícios de coordenação motora fina, e são ideais para atividades de classificação por cor. Para começar, coloque pompons de quatro a cinco cores diferentes em uma bandeja. Prepare um recipiente separado para cada cor, que você pode marcar com um ponto na cor correspondente. Em seguida, pegue um par de pinças de madeira e use-as para transferir um pompom para o recipiente com a cor correspondente. Apresente as pinças à criança e convide-a a realizar o exercício.

A partir de que idade?
4 anos.
Tempo necessário:
5 minutos.
Preparo: fácil.
O que é promovido?
Habilidades motoras finas e força nas mãos.
Material: pompons, pinças de madeira, pequenos recipientes e canetas ou adesivos coloridos.

PEDRAS DE EQUILÍBRIO

A partir de que idade?
4 anos.
O que é promovido?
Habilidades motoras finas.
Material: pedras de equilíbrio.

As pedras de equilíbrio são pequenas pedras de madeira que possuem laterais planas em vários pontos, permitindo que sejam empilhadas umas sobre as outras. No entanto, é importante ter cuidado, pois uma torre como essa pode cair rapidamente. Esse tipo de construção de torre representa um novo desafio para as crianças, já que requer muito mais das habilidades motoras finas do que empilhar blocos de montar normais.

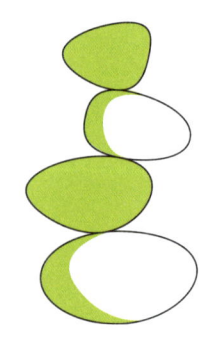

FORMAS COM ARGILA

A argila de secagem ao ar é excelente para modelar e fazer cerâmica com a criança. Esse tipo de argila seca naturalmente e pode ser pintada com tintas acrílicas. Devido à sua maciez, é especialmente adequada para as mãos de crianças pequenas. Com ela, é possível criar belos presentes artesanais junto com a criança.

A partir de que idade?
4 anos.
Tempo necessário:
5 minutos.
Preparo: fácil.
O que é promovido?
Habilidades motoras finas e criatividade.
Material: argila de secagem ao ar e tintas acrílicas.

PÉROLAS DE ENGOMAR

Com as pérolas de engomar, é possível criar pequenas imagens permanentes aplicando calor sobre elas com um ferro de passar roupas. Por serem delicadas, as pérolas representam um desafio para as crianças. Nesse sentido, pode ser útil ter uma pinça sem ponta à disposição para corrigir pequenos erros na imagem. A criança pode seguir um modelo disponível nos kits de pérolas ou deixar a criatividade fluir. Se a criança ainda tiver dificuldades motoras finas com as pérolas menores, é possível adquirir em tamanhos maiores, que são um pouco mais fáceis de manusear, embora também sejam mais caras.

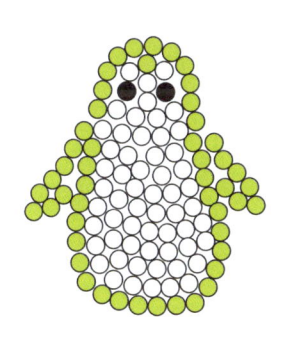

A partir de que idade?
4 anos.
O que é promovido?
Habilidades motoras finas, preensão de pinça e concentração.
Material: pérolas de engomar.

MOSAICO EM PAINEL PERFURADO (*PEGBOARD*)

Os jogos de mosaico estão disponíveis em diferentes versões, feitos de plástico e/ou madeira. Nesses jogos, pequenas cavilhas com padrões coloridos são inseridas em uma grade perfurada. Esse é um excelente exercício para desenvolver a preensão de pinça. Ao mesmo tempo, criar padrões é uma atividade criativa valiosa.

A partir de que idade?
4 anos.
O que é promovido?
Habilidades motoras finas e criatividade.
Material: painel perfurado (*pegboard*).

LINGUAGEM E LEITURA

SALTOS NO ARCO-ÍRIS

A partir de que idade?
4 anos.
Tempo necessário:
5 minutos.
Preparo: fácil.
O que é promovido?
Associação de sons e letras.
Material: papel *kraft* colorido, caneta e fita crepe.

Para este exercício, recorte círculos de papel *kraft* em cores diferentes com um diâmetro de cerca de 15 centímetros. Escreva letras diferentes, alternando entre maiúsculas e minúsculas, nos círculos. Fixe os círculos no chão com fita crepe, garantindo que eles estejam próximos o suficiente para que a criança consiga saltar de um círculo para o outro.

A atividade pode ser realizada de diferentes maneiras, dependendo das preferências da criança. A criança pode pular de círculo em círculo, dizendo o som correspondente a cada letra ao aterrissar sobre ela. Como alternativa, os pais podem orientar a criança, indicando as letras para as quais ela deve saltar.

JOGO DA MEMÓRIA COM LETRAS MAIÚSCULAS E MINÚSCULAS

Crie um jogo da memória com letras maiúsculas e minúsculas nas cartas, em vez de imagens iguais. Para isso, escreva as letras correspondentes em papel e cole-as em cartões. Comece com cerca de seis ou sete pares de letras para não sobrecarregar a criança e, à medida que ela se familiarizar com o jogo, adicione mais pares de letras.

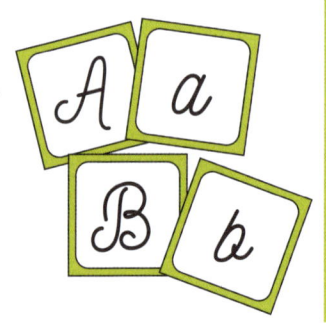

A partir de que idade?
4 anos.
Tempo necessário:
10 minutos.
Preparo: fácil.
O que é promovido?
Reconhecimento de letras maiúsculas e minúsculas.
Material: impressora e tesoura.

LETRAS DE LEGO

Este exercício pode ser realizado em dois níveis de dificuldade.

Para a versão mais fácil, construa letras com peças de Lego e tire fotos individuais de cada uma das letras. Imprima as fotos em cartões do mesmo tamanho. Coloque os cartões em uma cesta e, em outra, as peças de Lego necessárias para construir as letras. Inicie o exercício escolhendo um cartão e pronunciando o som da letra correspondente. Reconstrua a letra com as peças de Lego. Depois, permita que a criança continue o exercício. Ao final, quando ela já tiver construído todas as letras, não deverá haver peças sobrando.

Na versão mais difícil, a criança terá a tarefa de reconhecer como as letras foram construídas com as peças de Lego a partir das fotos e usar essas imagens como guia para a montagem. Se a criança já possui habilidades avançadas para construir com peças de Lego de acordo com instruções e tem um bom raciocínio espacial, então imprima apenas as imagens das respectivas letras. Caberá a ela encontrar uma maneira de replicar as letras.

A partir de que idade?
4 anos.
Tempo necessário:
20 minutos (versão fácil) ou 10 minutos (versão difícil).
Preparo: fácil.
O que é promovido?
Reforço de letras, raciocínio espacial e concentração.
Material: impressora, papel e Lego.

ALFABETO DE ENCAIXE

Se a criança já estiver familiarizada com todas as letras do alfabeto, uma opção é apresentar a ela um alfabeto de encaixe para reforçar e consolidar seu conhecimento. O jogo pode ser oferecido no estilo Montessori, colocando as letras do alfabeto em uma cesta separada, permitindo que a criança as encaixe no tabuleiro sozinha. Alternativamente, o exercício pode ser realizado de forma comunicativa, isto é, pronuncia-se um som e a criança deve encontrar a letra correspondente e encaixá-la no lugar correto.

A partir de que idade?
1 anos.
O que é promovido?
Associação de sons e letras.
Material: alfabeto de encaixe.

PALAVRAS DE MIÇANGAS

Escreva palavras em pequenos pedaços de papel e coloque-os em uma pequena cesta em uma bandeja. Em outro recipiente, disponibilize limpadores de cachimbo e miçangas de letras que possam ser facilmente encaixadas em limpadores de cachimbo. Encaixá-las em um limpador de cachimbo é uma tarefa de motricidade fina mais fácil do que em um barbante, o que é ideal para que a criança possa se concentrar totalmente no exercício. As palavras escritas nos pedaços de papel devem ser recriadas com as miçangas. Certifique-se de que tem a mesma quantidade de limpadores de cachimbo e pedaços de papel, e que, ao concluir o exercício, não sobrem letras na cesta.

Pegue um pedaço de papel da cesta, leia a palavra e deixe o pedaço de papel visível. Em seguida, coloque as miçangas de letras no limpador de cachimbo para formar a palavra.

A partir de que idade?
4 anos.
Tempo necessário:
5 minutos.
Preparo: fácil.
O que é promovido?
Combinação de letras em uma palavra.
Material: limpadores de cachimbos, miçangas de letras, papel e caneta.

LETRAS NO VARAL

Escreva letras maiúsculas em pequenos pedaços de papel. Fixe um barbante em uma altura adequada para que a criança possa alcançá-lo facilmente, como entre as pernas de um varal de chão. Utilize pequenos prendedores de madeira para pendurar os pedaços de papel no varal de barbante, garantindo que as letras estejam bem visíveis e que haja espaço suficiente para mais duas tiras de papel entre elas. Para cada letra maiúscula, escreva também a letra minúscula correspondente em outro pedaço de papel e coloque todos na mesma cesta. Certifique-se de que o número de prendedores de madeira na cesta seja igual ao número de tiras de papel.

Aponte para uma letra no varal e pronuncie seu nome. Em seguida, peça à criança que escolha a letra minúscula correspondente e a pendure ao lado da letra maiúscula. Incentive a criança a continuar a atividade de forma independente.

A partir de que idade?
4 anos.
Tempo necessário:
5 minutos.
Preparo: fácil.
O que é promovido?
Associação de letras maiúsculas e minúsculas.
Material: barbante, prendedor de roupas de madeira, papel e caneta.

CARTÕES DE NOMENCLATURA

A partir de que idade?
4 anos.
Tempo necessário:
15 minutos.
Preparo: fácil.
O que é promovido?
Reconhecimento de palavras e leitura.
Material: impressora, papel e tesoura.

Os cartões com imagens são muito utilizados no método Montessori, e é esperado que a criança já esteja familiarizada com eles. Neste exercício, as imagens são utilizadas para ajudar a criança a associar palavras às suas representações visuais. Para iniciar, crie cartões com uma imagem no centro e a palavra correspondente na parte inferior. Faça duas cópias de cada cartão e, em seguida, plastifique-os ou cole-os em papelão resistente. Em uma das cópias, separe a imagem e a palavra, criando assim um cartão com a imagem e outro com a palavra.

Prepare três pequenas cestas ou tigelas para este exercício: no primeiro recipiente, coloque os cartões com a imagem e a palavra (cartão de nomenclatura); no segundo recipiente, coloque os cartões com as imagens; e, no terceiro recipiente, coloque os cartões com as palavras. Posicione as três cestas lado a lado em uma bandeja. Pegue um cartão de nomenclatura e leia em voz alta. Em seguida, encontre o cartão com a imagem correspondente e, por fim, o cartão com a palavra. Compare visualmente os três cartões para verificar se eles correspondem. Depois de verificar, devolva os cartões aos seus respectivos recipientes. Agora, ofereça à criança a oportunidade de continuar o exercício de forma independente.

PALAVRAS DE PEDRAS

Faça uma caminhada com a criança e recolha algumas pedras pequenas, todas mais ou menos do mesmo tamanho. Escreva algumas palavras em pedaços de papel e coloque-os em uma pequena cesta. Escreva as letras necessárias para formar essas palavras em pedras individuais e coloque-as em outra cesta. Ambas as cestas devem ser posicionadas em uma bandeja.

Prepare o material em uma área de trabalho e selecione um pedaço de papel da cesta. Leia em voz alta a palavra escrita nele e, em seguida, reproduza essa palavra utilizando as pedras com as letras correspondentes. Após isso, permita que a criança complete o exercício por conta própria. Se a criança montar as palavras corretamente, não sobrarão mais pedras na cesta ao final do exercício.

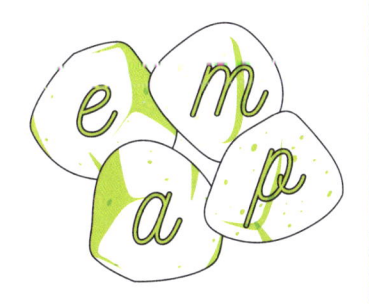

A partir de que idade?
4 anos.
Tempo necessário:
10 minutos.
Preparo: fácil.
O que é promovido?
Disposição das palavras e primeiros exercícios de escrita.
Material: pedras, papel e caneta.

ALFABETO MÓVEL

O alfabeto móvel é um recurso clássico do método Montessori para ensinar leitura e escrita. Consiste em letras cursivas de madeira, sendo as vogais coloridas de azul e as consoantes de vermelho. Com essas letras, a criança pode formar palavras por conta própria desde cedo. Embora seja possível encontrar o alfabeto móvel em algumas lojas Montessori, é mais difícil encontrar letras cursivas. No entanto, é possível adquiri-las em lojas de artesanato ou na internet e colorir com aquarela ou canetinha hidrográfica. Ao adquirir o alfabeto móvel, é importante lembrar-se de obter múltiplas cópias de cada letra. Isso garantirá que a criança tenha a quantidade necessária de letras para formar palavras em que cada letra apareça mais de uma vez.

O alfabeto móvel pode ser utilizado de várias maneiras. Uma abordagem consiste em usar os cartões de nomenclatura do exercício anterior, mas, desta vez, sem os cartões de palavras. Dessa forma, a criança pode escrever as palavras usando o alfabeto móvel. O processo é o mesmo: selecione um cartão de nomenclatura e leia seu conteúdo. Em seguida, encontre o cartão com a imagem correspondente e escreva a palavra usando o alfabeto móvel. Depois disso, incentive a criança a continuar a atividade por conta própria.

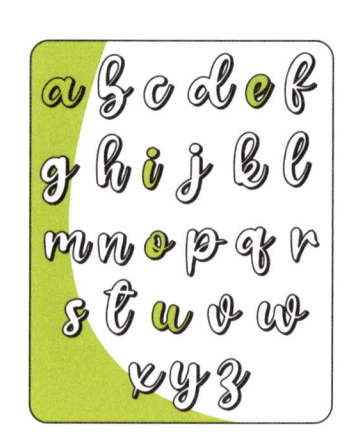

A partir de que idade?
4 anos.
Tempo necessário:
5 minutos (mais 15 minutos para a preparação das cartas).
Preparo: fácil.
O que é promovido?
Tentativas de escrever.
Material: letras de madeira (preferencialmente cursivas), tinta aquarela ou canetas vermelha e azul, e cartões de nomenclatura.

BINGO DE FONOGRAMAS

Desenhe uma tabela com 3 linhas e 3 colunas em uma folha de papel e atribua uma letra a cada célula. Ofereça à criança a cartela de bingo e uma pequena tigela com pedras ou blocos de montar. Pronuncie o som de uma letra. Se essa letra estiver presente na cartela, a criança deve colocar uma pedra sobre ela. Quando todas as letras estiverem cobertas por pedras, a criança deve dizer "Bingo!" bem alto. O nível de dificuldade desse exercício pode ser ajustado, permitindo a inclusão de fonogramas mais complexos (por exemplo, "nh" e "ch") para crianças mais velhas.

A partir de que idade?
4 anos.
Tempo necessário:
5 minutos.
Preparo: fácil.
O que é promovido?
Habilidades de audição e associação de sons e letras.
Material: papel, caneta e blocos de montar ou similares.

RACIOCÍNIO MATEMÁTICO E LÓGICO

BARRAS VERMELHAS E AZUIS

As barras vermelhas e azuis são estruturadas de forma semelhante às barras vermelhas. A menor barra tem 10 centímetros de comprimento, enquanto a mais longa tem 1 metro. Diferente das barras vermelhas, esta variante é bicolor: os primeiros 10 centímetros são vermelhos e os 10 seguintes são azuis. Isso faz com que a criança reconheça facilmente os diferentes comprimentos. As barras vermelhas e azuis são adequadas para várias atividades:

- Peça para a criança ordenar as barras por comprimento.
- Conte as áreas coloridas em uma barra. Segure a área colorida com a mão.
- Faça o mesmo com as próximas duas barras maiores. Agora peça à criança para lhe dar uma barra ("Por favor, pegue a barra três.").
- Examine junto com a criança quais barras precisam ser colocadas uma ao lado da outra para alcançar o mesmo tamanho da outra.

A partir de que idade?
4 anos.
O que é promovido?
Percepção de diferenças de tamanho e vocabulário.
Material: barras vermelhas e azuis.

GEOPLANO

Os geoplanos são geralmente quadrados compostos por uma grade de pinos de madeira. As versões menores apresentam uma grade de 3 × 3, enquanto as mais comuns são de 4 × 4 ou 5 × 5. Os elásticos coloridos são usados para criar diferentes formas geométricas nesse dispositivo. Muitos geoplanos são vendidos em conjuntos que incluem uma variedade de cartões com figuras pré-definidas para serem reproduzidas. No entanto, a criança também pode criar suas próprias formas no brinquedo.

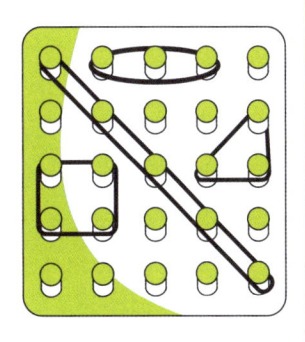

A partir de que idade?
4 anos.
O que é promovido?
Raciocínio lógico, imaginação espacial e criatividade.
Material: geoplano e elásticos coloridos.

DISPOSIÇÃO DE FORMAS

Recorte várias formas geométricas básicas em papel *kraft* de diferentes cores e pense em figuras simples que podem ser criadas com elas. Tire fotos das figuras criadas e imprima as imagens em cartões. Coloque as formas coloridas em um recipiente e disponha-o sobre uma bandeja. Ao lado, coloque os cartões impressos com as figuras a serem recriadas. A criança pode tentar reproduzir as figuras dos cartões usando as formas coloridas em uma área de trabalho. Essa atividade também pode ser encontrada em lojas *on-line*. Para viagens de carro, uma versão do jogo feita de metal é uma ótima opção.

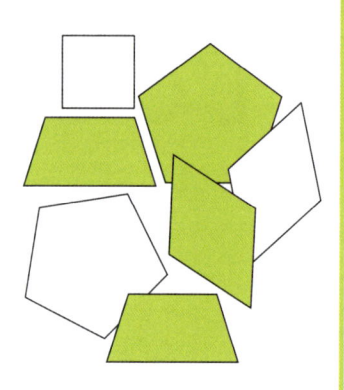

A partir de que idade? 4 anos.
Tempo necessário: 40 minutos.
Preparo: médio.
O que é promovido? Raciocínio espacial, atenção e reconhecimento de figuras.
Material: cartolina, tesoura, papelão (opcional), câmera e impressora.

RECONHECIMENTO DO NÚMERO APRESENTADO

Imprima cartões com imagens diferentes, e que sejam fáceis de contar, por exemplo: sete cavalos, três chapéus etc. Certifique-se de usar os números de um a dez. Se a criança ainda não domina os números até dez, limite-os inicialmente aos números conhecidos por ela, e gradualmente introduza os outros. Abaixo das imagens, apresente três números diferentes, lado a lado, no cartão. Um desses números corresponderá à quantidade de objetos representados na figura do respectivo cartão.

Ofereça os cartões em uma pequena cesta, e pequenos prendedores de madeira em outra cesta. Certifique-se de que tem o mesmo número de prendedores e de cartões. Coloque as duas cestas em uma bandeja, e a bandeja em uma área de trabalho. Pegue um cartão, conte os objetos mostrados e fixe um prendedor de madeira ao número correspondente. Para uma autoavaliação adequada, marque no verso do cartão o local em que o prendedor deve ser fixado corretamente.

A partir de que idade? 4 anos.
Tempo necessário: 30 minutos.
Preparo: médio.
O que é promovido? Compreensão numérica, atenção e concentração.
Material: computador, impressora, papel, máquina plastificadora (opcional) e pequenos prendedores de madeira.

TRAÇADO DE FORMAS

Corte um papelão em cartões de 10 × 10 centímetros. Em seguida, recorte uma forma geométrica a partir do centro de cada cartão, como um círculo, um triângulo e um quadrado. A criança pode utilizar esses cartões para traçar as formas com um lápis em um pedaço de papel, contornando a forma recortada ou preenchendo a área do recorte. Em lojas Montessori comuns, é possível encontrar formas de metal que podem ser usadas para o mesmo propósito. Além disso, alguns brinquedos de encaixe de formas possuem peças individuais removíveis, que também podem ser utilizadas nessa atividade.

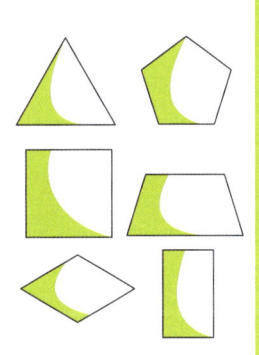

A partir de que idade?
4 anos.
Tempo necessário:
15 minutos.
Preparo: médio.
O que é promovido?
Habilidades motoras finas e reconhecimento de formas.
Material: papelão, tesoura ou estilete, papel e lápis.

CONTAGEM COM ADESIVOS

A partir de que idade?
4 anos.
Tempo necessário:
5 minutos.
Preparo: fácil.
O que é promovido?
Reconhecimento de números, contagem, compreensão de relações quantitativas, habilidades motoras finas e concentração.
Material: papel, caneta e adesivos.

Utilizando uma caneta, divida uma folha de papel em aproximadamente seis seções, e enumere cada seção com números de um a dez. Em seguida, entregue à criança uma folha de adesivos e peça para que ela cole a quantidade de adesivos indicada em cada área.

Dica: prepare a folha de adesivos com antecedência, removendo o fundo branco, pois muitas crianças têm dificuldade em retirar os adesivos da cartela. O exercício agora fica muito mais fácil para a criança em termos de habilidades motoras.

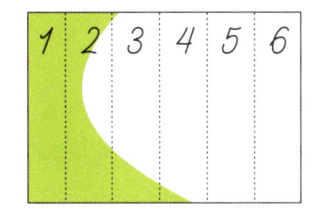

ENCONTRE FORMAS NAS FOTOS ESCOLHIDAS

Procure na internet ou em revistas e livros antigos imagens que contenham formas geométricas reconhecíveis, como estrelas pentagonais no céu, janelas redondas ou uma porta retangular, entre outras. Mostre as imagens à criança e peça para que ela identifique um círculo ou outra forma nas figuras. Em seguida, façam um passeio de descoberta juntos, observando o ambiente ao redor, e procurem o maior número de formas geométricas que conseguirem encontrar.

A partir de que idade?
4 anos.
Tempo necessário:
15 minutos.
Preparo: médio.
O que é promovido?
Reconhecimento de formas e atenção.
Material: papel e impressora ou revistas.

BARRAS DE CONTAS

Este material de contas coloridas é uma ferramenta matemática clássica do método Montessori. Consiste em contas de plástico coloridas amarradas em um fio. Os números de um a dez são representados da seguinte forma: em um fio, há apenas uma conta; no seguinte, duas contas da mesma cor; no seguinte, três contas de outra cor, e assim por diante. Portanto, cada número é associado a uma cor diferente, além de ser facilmente compreensível para as crianças por meio do tato.

Disponha as barras de acordo com o tamanho em uma área de trabalho preparada. Inicialmente, conte as contas uma por uma e deixe que a criança explore o material. Em seguida, remova algumas barras individuais da fileira e peça para a criança colocar no local correto. Calculem juntos quantas barras são necessárias para formar outra barra ou quantas contas restam quando se subtrai uma barra de outra. Essa abordagem permite introduzir de maneira lúdica cálculos simples na faixa das dezenas. As barras de contas também são úteis para ilustrar tarefas de adição e subtração com números maiores, e até mesmo para introduzir conceitos de multiplicação no ensino fundamental.

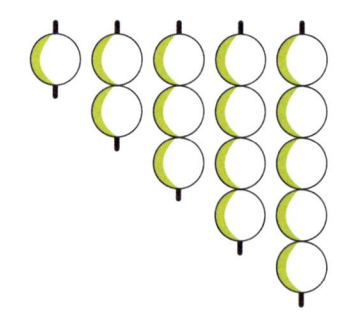

A partir de que idade?
4 anos.
O que é promovido?
Compreensão numérica.
Material: barras de contas (ou miçangas).

DESENHO DE FORMAS

Desenhe pontos com cores diferentes em uma folha de papel. Cada cor representará uma forma geométrica diferente, como círculo, quadrado ou triângulo. Iniciar com três cores, uma para cada forma básica, é uma boa ideia. Desenhe a forma apropriada ao redor de cada ponto. Em seguida, peça que a criança desenhe as formas adequadas (círculo, quadrado ou triângulo) em torno dos pontos da cor correspondente.

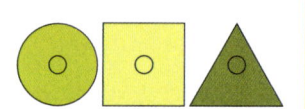

A partir de que idade?
4 anos.
Tempo necessário:
5 minutos.
Preparo: fácil.
O que é promovido?
Desenho de formas, concentração e habilidades motoras finas.
Material: papel e lápis de cor.

CORRESPONDÊNCIA ENTRE NÚMEROS, NÚMEROS DE DADOS E OBJETOS

Para este exercício, prepare três conjuntos de cartões, cada um contendo dez cartões:

- No primeiro conjunto, imprima nos cartões os números de um a dez.
- No segundo conjunto, cada cartão exibe a quantidade de pontos (como em um dado) correspondentes aos números de um a dez.
- No terceiro conjunto, cada cartão contém objetos facilmente contáveis, como bananas, cachorros etc.

É importante que cada conjunto seja diferente um do outro. Para isso, cole as imagens em papéis de cores diferentes ou as imprima com bordas de cores diferentes. Em seguida, distribua os cartões separados por grupos na área de trabalho. Escolha um cartão com um número e nomeie-o. Depois, procure as cartas correspondentes com o número correto de pontos ou objetos. Peça à criança para fazer o mesmo com outro cartão.

No início, pode ser desafiador para a criança começar com trinta cartões. Comece apenas com os números de um a cinco, ficando com apenas quinze cartões (três cartões para cada número). À medida que a criança se familiariza com o jogo, adicione mais números gradualmente.

A partir de que idade? 4 anos.
Tempo necessário: 30 minutos.
Preparo: médio.
O que é promovido? Compreensão e reconhecimento dos numerais.
Material: papel, impressora e máquina plastificadora (opcional).

TREINAMENTO SENSORIAL

NÚMEROS E LETRAS COM MASSINHA

Devido à sua textura, a massinha de modelar com argila é especialmente adequada para formar novas figuras com mais facilidade. Além de atividades criativas, o material também pode ser usado como uma experiência tátil durante o reconhecimento das letras e dos números.

Imprima um número de um a dez ou letras correspondentes em cartões de aproximadamente 10 centímetros de tamanho. Os números ou letras devem ser grandes e largos o suficiente para serem traçados com a massa de modelar. Comece identificando o ponto de partida de cada número ou letra com um ponto vermelho, que será o local onde a criança deve começar a escrever. Se um número ou letra precisar ser escrito em etapas, marque a sequência com os números um e dois, para indicar a ordem correta do traçado.

Pegue um cartão e modele com a massinha o número ou letra exibido. Depois convide a criança para experimentar fazer o mesmo.

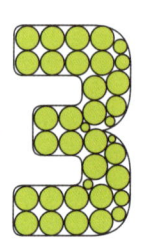

A partir de que idade?
4 anos.

O que é promovido?
Estímulo do tato, conhecimento de números e letras.

Material: massinha de modelar com argila.

MEMÓRIA SONORA

Maria Montessori desenvolveu potes de som que, originalmente, consistiam em doze cilindros de madeira. Cada par de cilindros era preenchido com materiais diferentes dos outros pares, gerando sons distintos quando agitados. No método montessoriano, metade dos cilindros possui tampas vermelhas, enquanto a outra metade tem tampas azuis.

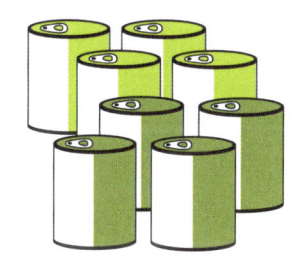

Este exercício pode ser facilmente reproduzido em casa utilizando pequenos potes de madeira ou papel-machê. Se necessário, potinhos de filme fotográfico 35 milímetros vazios também são adequados, mas menos agradáveis ao toque. Uma alternativa são recipientes de armazenamento com formatos semelhantes aos mencionados. No entanto, é importante observar que doze potes podem ser excessivos para uma criança, por isso é recomendado começar com apenas oito potes, ou seja, quatro pares, para facilitar a experiência inicial.

Cada par deve ser preenchido com materiais secos e perceptivelmente diferentes quando agitados, como areia, arroz, uma única conta, milho seco, lentilhas ou quinoa. Rotule os pares envolvendo metade com fita no estilo *Washi tape* de uma cor e a outra metade com fita de outra cor, ou cole duas cores diferentes nas tampas para facilitar o reconhecimento dos sons.

Feche bem os potes com cola quente para evitar que se abram e que o conteúdo seja espalhado ou engolido. No método Montessori, a autoavaliação é valorizada, então é importante marcar a parte de baixo dos pares correspondentes com um ponto da mesma cor. Isso permite que a criança verifique se combinou os sons corretamente ao virar os potes.

Para iniciar o exercício, separe os pares por cor, e coloque-os em uma bandeja ou em dois recipientes. Agite um recipiente e procure o par correspondente. Peça para que a criança também tente encontrar um par. Quando a criança dominar esse exercício, ela poderá brincar de jogo da memória com os potes. As regras são as mesmas do jogo da memória convencional, exceto pelo fato de que, em vez de imagens, é preciso lembrar dos sons.

A partir de que idade?
4 anos.
Tempo necessário:
15 minutos.
Preparo: fácil.
O que é promovido?
Audição, atribuição de sons, concentração e atenção.
Material: potes, material de enchimento, fita adesiva decorativa no estilo *Washi tape* em duas cores, cola quente e canetas ou adesivos de bolinhas.

TONS DE CORES

Compre cartões coloridos em uma loja de ferragens, certificando-se de pegar as cores primárias (vermelho, amarelo e azul). Em seguida, corte os cartões em pedaços de tamanho igual, de modo a obter quatro ou cinco cartões pequenos de cada tonalidade. Separe os cartões pequenos por cor em um recipiente e coloque-os na área de trabalho. Retire os cartões do recipiente e organize-os de acordo com a tonalidade, indo do mais claro para o mais escuro. Durante o processo, comente sobre suas ações. Em seguida, convide a criança a organizar outra cor.

Se ela já estiver familiarizada com o exercício, aumente a dificuldade adicionando mais tons por cor ou misturando todos os cartões coloridos no mesmo recipiente, para que ela tenha que realizar a classificação inicial. Portanto, a criança terá que realizar uma pré-classificação.

A partir de que idade?
4 anos.
Tempo necessário:
5 minutos.
Preparo: fácil.
O que é promovido?
Percepção de cores.
Material: cartões de cores de uma loja de ferragens e tesouras.

SINOS

A partir de que idade?
4 anos.
O que é promovido?
Audição.
Material: sinos de diferentes tonalidades.

Pegue sinos de diferentes tonalidades e ofereça-os à criança em um cesto, posicionando-o em uma área de trabalho. Pegue um sino, toque-o e, em seguida, pegue outro sino, toque-o e comente sobre o som, observando se é mais grave ou mais agudo do que o anterior. Coloque este sino ao lado do primeiro. O objetivo é organizar os sinos do mais grave para o mais agudo. Convide a criança a escolher um sino para tocar e pergunte se o som é mais grave ou mais agudo do que o anterior. Auxilie a criança a ordenar os sinos corretamente na primeira vez. Ao final, toque todos os sinos novamente, do mais grave para o mais agudo, e vice-versa. Na próxima vez, a criança poderá realizar o exercício sozinha. No início, utilize apenas uma quantidade pequena de sinos, aumentando gradualmente o número.

BALÕES SENSORIAIS

Enquanto algumas crianças estão abertas a novos estímulos sensoriais, outras podem ser mais céticas e relutantes em participar de atividades táteis. No entanto, os balões sensoriais oferecem uma oportunidade para todas as crianças desfrutarem de uma experiência sensorial agradável. Encha os balões com materiais diferentes, como areia, arroz, contas ou lentilhas, garantindo que apenas uma pequena quantidade de enchimento seja adicionada para que os balões possam ser amassados e apertados sem danos. Além disso, para algumas crianças, esses balões podem servir como ferramentas de autorregulação quando estiverem muito agitadas, proporcionando um efeito semelhante ao das bolas antiestresse para adultos.

A partir de que idade?
4 anos.
Tempo necessário:
10 minutos.
Preparo: fácil.
O que é promovido?
Tato.
Material: balões e material de enchimento.

CORTE DE FOLHAS

A partir de que idade?
4 anos.
Tempo necessário:
5 minutos.
Preparo: fácil.
O que é promovido?
Tato e habilidades motoras finas.
Material: folhas de árvore e tesoura; opcional: papel, caneta e cola.

Para este exercício, serão necessárias apenas algumas folhas, que podem ser coletadas durante um passeio com a criança. Ofereça à criança as folhas secas e uma tesoura infantil em uma bandeja, e deixe que ela as recorte da maneira que desejar. Os recortes também podem ser usados para um projeto artesanal posterior. Peça para a criança desenhar uma árvore em um papel sulfite e colar os pedacinhos de folhas.

ATIVIDADES DA VIDA PRÁTICA

CARTÕES DAS EMOÇÕES

A partir de que idade?
4 anos.
Tempo necessário:
20 minutos.
Preparo: fácil.
O que é promovido?
Compreensão dos sentimentos e nomes das emoções.
Material: impressora, papel e máquina plastificadora.

As crianças costumam ser dominadas por suas emoções, especialmente antes da idade pré-escolar. Para iniciar uma conversa sobre os sentimentos, é útil criar pequenos cartões de emoções. Pesquise na internet por imagens desenhadas de crianças representando diferentes emoções, como felicidade, tristeza, raiva, animação, medo, curiosidade, confusão, orgulho, timidez e cansaço. Plastifique esses cartões. Você também pode comprar os cartões, e alguns fornecedores os oferecem em um conjunto com um suporte adequado. Esses cartões, contendo representações de diferentes sentimentos, podem ser intuitivamente reconhecidos por crianças pequenas e são particularmente úteis para iniciar conversas sobre emoções após situações intensas.

BORDADO

Crianças mais jovens podem ter suas primeiras experiências com trabalhos manuais usando cartões de madeira para alinhavar. Crianças um pouco mais velhas podem se aventurar no bordado. As agulhas usadas para isso não são afiadas e não apresentam risco de ferimentos. Demonstre como bordar sem falar. Sente-se ao lado da criança e olhe para a mesma direção que ela. No início, é melhor bordar figuras e formas muito simples. A criança também pode dar asas à imaginação e criar seus próprios desenhos.

A partir de que idade?
4 anos.
Tempo necessário:
5 minutos.
Preparo: fácil.
O que é promovido?
Habilidades motoras finas, concentração e resistência.
Material: bastidor (aro de bordado), agulha e linha para bordar.

A partir de que idade?
4 anos.
Tempo necessário:
5 minutos.
Preparo: fácil.
O que é promovido?
Força, resistência e autoconfiança.
Material: rastelo infantil.

VARRER FOLHAS

Aos 4 anos de idade, a maioria das crianças já possui força o suficiente para ajudar a varrer folhas com um rastelo infantil. Trabalhar juntos ao ar livre é extremamente gratificante para todos os envolvidos, e gera na criança um perceptível senso de realização.

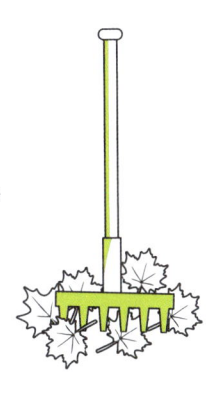

LIMPEZA DOS SAPATOS

Desde cedo, é importante que as crianças assumam a responsabilidade por seus pertences. Se os sapatos estiverem muito sujos, a limpeza pode ser feita junto com a criança: os adultos limpam seus próprios sapatos enquanto a criança limpa os dela. Demonstre as etapas da limpeza nos próprios sapatos para ajudar a criança a entender o processo e, em seguida, ofereça assistência conforme necessário.

A partir de que idade?
4 anos.
Tempo necessário:
5 minutos.
Preparo: fácil.
O que é promovido?
Autonomia e autoconfiança.
Material: sapatos e materiais para limpeza de sapatos.

A partir de que idade?
4 anos.
Tempo necessário:
5 minutos.
Preparo: fácil.
O que é promovido?
Autonomia e autoconfiança.
Material: roupa limpa, varal de chão e prendedores de roupas (opcional).

PENDURAR A ROUPA

Aos 4 anos de idade, a maioria das crianças sabe usar prendedores de roupas sem quebrá-los acidentalmente. Inclua a criança no processo. Pendurem a roupa juntos. A criança pode ficar em um banquinho ou em uma cadeira para isso. Mostre a ela como pendurar uma peça de roupa específica e, em seguida, dê a ela um item semelhante para que possa imitar os movimentos.

TÁBUA DE PREGOS

As crianças gostam de participar de atividades manuais. Prepare uma tábua de madeira simples para a criança, na qual ela possa martelar pregos. Se desejar ser particularmente criativo, você também pode pintar um porco-espinho no tabuleiro.
Os pregos, então, representariam os espinhos do porco-espinho que precisam ser martelados. Essa atividade permite que a criança pratique habilidades motoras e trabalho manual.
Não deixe a criança sem supervisão durante a atividade. Caso perceba que o exercício é desafiador demais para a criança em termos de habilidades motoras, é melhor evitá-lo para prevenir possíveis lesões.

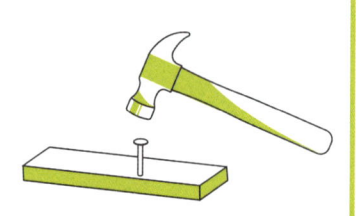

A partir de que idade?
4 anos.
Tempo necessário:
5 minutos.
Preparo: fácil.
O que é promovido?
Autonomia, autoconfiança, habilidades motoras finas e controle da força.
Material: tábua de madeira, pregos e martelo.

APERTANDO PARAFUSOS

A partir de que idade?
4 anos.
O que é promovido?
Habilidades motoras finas, resistência e concentração.
Material: tábua de ferramentas, incluindo diferentes parafusos e chaves de fenda correspondentes.

Existem várias tábuas de ferramentas disponíveis que oferecem à criança a oportunidade de desenvolver suas primeiras habilidades ao manusear diferentes tipos de parafusos. Essas tábuas vêm com diversos parafusos que precisam ser apertados e chaves de fenda funcionais de tamanho infantil. Com essa prática, a criança poderá, mais tarde, ser chamada para ajudar em tarefas como a montagem de móveis.

TELAIO

Aos 4 anos de idade, a criança já é capaz de abrir um zíper e manusear botões maiores. No método Montessori, os chamados telaios são frequentemente usados para ensiná-la a manipular outros fechos. Os telaios consistem em molduras de madeira com tecido preso em ambos os lados, e o tecido tem um fecho no centro. A criança pode usar essas molduras para praticar tipos específicos de fechos. Como essas molduras são bastante caras, faz sentido fazê-las você mesmo. Você pode encontrar instruções detalhadas e ilustradas em diversos vídeos disponíveis na internet.

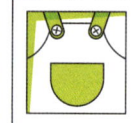

A partir de que idade?
4 anos.
O que é promovido?
Habilidades motoras finas, autonomia e resistência.
Material: telaio.
Para a versão artesanal: varas de madeira, furadeira, cola de madeira, lixas, tecidos, botões e material de costura.

YOGA INFANTIL

A partir de que idade?
4 anos.
Tempo necessário:
15 minutos.
Preparo: fácil.
O que é promovido?
Controle e consciência corporal, habilidades motoras grossas, força e resistência.
Material: impressora, papel e máquina plastificadora.

A prática de yoga infantil pode ser iniciada a partir dos 4 anos de idade. Exercícios apropriados para crianças podem ser encontrados na internet, no YouTube ou em baralhos de posturas para crianças. O yoga pode ajudar crianças agitadas a se concentrarem e a diminuírem a tensão. Isso não apenas promove uma consciência corporal saudável, mas também proporciona alegria na experiência compartilhada.

BANHO NA BONECA

Muitas crianças adoram cuidar de suas bonecas, especialmente quando um irmão mais novo está a caminho. As crianças mais velhas podem usar as bonecas para simular o cuidado de um bebê. Ofereça à criança tudo o que é necessário para dar banho em uma boneca: uma banheira ou um balde, pano, sabonete e uma toalha pequena.

A partir de que idade?
4 anos.
Tempo necessário:
5 minutos.
Preparo: fácil.
O que é promovido?
Cuidados.
Material: balde ou banheira de bebê, pano, sabonete de banho, toalha e boneca.

O DESENVOLVIMENTO DA CRIANÇA AOS CINCO ANOS

Linguagem
Aos 5 anos, a criança já consegue contar uma história ouvida ou inventada com pelo menos dois eventos. Ela também pode responder a perguntas simples sobre um livro ou uma história, e é capaz de manter uma conversa que muda de assunto três vezes. A criança consegue fazer rimas simples. Além disso, usa corretamente os diferentes casos de declinação e o subjuntivo (o modo da possibilidade). Sua pronúncia está livre de erros, e ela compreende significados figurados, como "ele está no caminho errado", referindo-se a uma direção que não leva ao destino desejado. A linguagem da criança torna-se mais complexa e expressiva, utilizando vários tipos de orações subordinadas sem erros. Além disso, ela começa a desenvolver a consciência metacomunicativa, entendendo as diferentes funções e perspectivas do falante.

Desenvolvimento cognitivo
A criança consegue reconhecer rapidamente quantidades até cinco, sem precisar contar para identificar o número correspondente. Se essa habilidade ainda não estiver desenvolvida, utilize jogos de dados nos quais a criança deve reconhecer rapidamente o número de pontos. Além disso, a criança demonstra habilidade em comparar quantidades com rapidez, identificar diferenças (mais, menos ou a mesma quantidade) e resolver quebra-cabeças de 20 a 60 peças. Ela também começa a planejar suas ações, antecipando o que é necessário para completar uma tarefa.

Habilidades motoras finas
A criança agora também consegue recortar e copiar formas difíceis, como linhas em zigue-zague, ondas e círculos. Ela é capaz de desenhar objetos mais precisos, e está aprendendo as formas básicas da escrita. A criança está cada vez mais interessada em escrever seu próprio nome. Ela será capaz de dar um nó e fazer um laço, e ficará cada vez mais confiante nisso quando começar a frequentar a escola. O uso habilidoso de ferramentas já é possível. A criança gosta de jogos de encaixe com muitos detalhes, como as pérolas de engomar.

Habilidades motoras grossas
A criança demonstra movimentos rápidos e coordenados, especialmente ao se movimentar em estruturas de escalada no parquinho. Ela é capaz de manter o equilíbrio em uma perna só por um período de dez a doze segundos e realizar pelo menos cinco saltos consecutivos em uma perna só. O controle do peso corporal é notável, e ela consegue executar o salto com os pés juntos de oito a dez vezes seguidas. Além disso, a criança domina o movimento do polichinelo ao fazer o movimento do galope, que consiste em caminhar e saltar com o mesmo pé. Ela pode realizar saltos longos e altos, incluindo saltos laterais sobre uma corda. A criança está aprendendo a andar de bicicleta sem rodinhas de apoio e, no parquinho, já consegue se balançar sozinha usando o impulso de seu próprio peso.

Comportamento social
Nesta fase, a criança forma amizades duradouras e se torna capaz de compartilhar e expressar seus sentimentos verbalmente, facilitando a interação com colegas e adultos. Ela pode se envolver persistentemente em suas brincadeiras e permanecer focada em uma tarefa até concluí-la. Muitas crianças desenvolvem paixões por colecionar itens diversos, como pedras, galhos, bolinhas de gude ou pequenas figuras. Nesta idade, espera-se que a criança seja capaz de ficar sozinha no jardim de infância e de seguir regras ao jogar jogos de tabuleiro. No entanto, sua tolerância à frustração ainda é baixa, o que torna difícil para ela lidar com a derrota. Se a criança ficar chateada após perder, é importante dar um bom exemplo, aceitando bem a sua própria derrota.

EDUCAÇÃO CÓSMICA

ONDE VIVEM OS ANIMAIS AQUÁTICOS?

A maioria das crianças é fascinada pela vida aquática. Ensine-as sobre os hábitats de diferentes animais marinhos de forma lúdica. Para fazer isso, comece criando quatro cartões do mesmo tamanho para representar as diferentes profundidades do mar. O cartão que representa a camada mais alta da água é de cor azul-claro, enquanto os cartões subsequentes são cada vez mais escuros. Se disponível, também é possível usar retalhos de tecido em cores apropriadas. Em seguida, procure por imagens de animais que vivem em cada uma dessas profundidades. Veja algumas sugestões:

- **Superfície perto da costa:** água-viva, caranguejo, ouriço-do-mar, camarão, molusco de conchas, caranguejo-eremita, estrela-do-mar
- **Águas mais profundas:** enguia, tubarão-gato, linguado, rodovalho, moreia, bacamarte, golfinho
- **Mar aberto:** tubarão, baleia-jubarte, peixe-lua, atum, barracuda, peixe-espada, sardinha
- **Mar profundo:** tamboril, peixe-víbora, enguia-pelicano, peixe-lanterna, peixe-fantasma

Imprima as imagens desses animais com seus nomes em cada cartão e coloque-os em uma cesta. Disponha a cesta junto com os cartões ou tecidos representando as profundidades individuais do mar em uma bandeja. Retire os cartões do mar e organize-os na ordem correta em uma área de trabalho. Durante o processo, comente sobre suas ações, como "Aqui está a água perto da costa. Aqui, a água fica mais profunda.". Em seguida, pegue um cartão com um animal aquático e atribua-o corretamente ao seu espaço: "A baleia vive em mar aberto.". Finalmente, peça à criança para escolher um cartão e tentar fazer a mesma combinação.

A partir de que idade? 5 anos.
Tempo necessário: 30 minutos.
Preparo: fácil.
O que é promovido? Conhecimento sobre o hábitat de animais aquáticos, conhecimento sobre diferentes animais e compreensão das diferentes profundidades da água.
Material: papel (opcional: retalhos de tecido azul), impressora e máquina plastificadora.

FASES DA LUA

Para este exercício, você precisará de oito discos de tecido de algodão, cada um representando uma fase diferente da lua. Pinte os discos de acordo com as seguintes instruções para cada fase lunar:

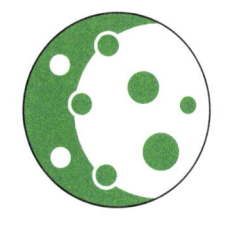

- **Lua nova:** pinte o disco completamente de preto.
- **Lua crescente:** pinte o disco de preto, deixando uma borda fina branca no lado direito.
- **Quarto crescente:** pinte a metade esquerda do disco de preto e a metade direita de branco.
- **Lua gibosa crescente:** pinte uma faixa fina à direita de preto e o restante de branco.
- **Lua cheia:** pinte o disco completamente de branco.
- **Lua gibosa minguante:** pinte uma faixa fina à esquerda de preto e o restante de branco.
- **Quarto minguante:** pinte a metade direita do disco de preto e a metade esquerda de branco.
- **Lua minguante:** pinte o disco de preto, deixando uma borda fina branca no lado esquerdo.

Utilize um cartão com um círculo impresso, indicando as diferentes fases da lua. Coloque todos os materiais, incluindo o cartão e os discos de tecido de algodão, em uma bandeja. A criança pode usar os discos de tecido de algodão para replicar as fases da lua indicadas no cartão. Comente sobre o significado de cada disco.

A partir de que idade?
5 anos.
Tempo necessário:
15 minutos.
Preparo: fácil.
O que é promovido?
Compreensão das fases da lua, atenção e concentração.
Material: impressora e discos de tecido de algodão.

CONSTELAÇÕES

Imprima as imagens de algumas constelações em cartões, certificando-se de que as estrelas estejam claramente visíveis. Coloque esses cartões em uma cesta. Prepare os materiais para a criança replicar essas constelações, incluindo argila (massinha) e pequenos bastões de contagem ou espetos de churrasco cortados em pedaços menores. Coloque os cartões com as constelações, a argila e os palitos em uma bandeja. A criança pode escolher um cartão com uma constelação e usar a massinha para criar pequenas esferas, que representarão as estrelas. Ela pode, então, usar os palitos para ligar as "estrelas" e formar a constelação correspondente. Durante o processo, se desejar, compartilhe com a criança a história associada àquela constelação.

A partir de que idade?
5 anos.
Tempo necessário:
15 minutos.
Preparo: fácil.
O que é promovido?
Conhecimento de constelações, atenção, concentração e raciocínio lógico.
Material: impressora, argila (massinha) e pequenos bastões.

DISSECAR UM GIRASSOL

Um girassol é uma ótima maneira de satisfazer a curiosidade da criança sobre a natureza. Deixe-a dissecar uma flor de girassol com cuidado. Coloque o girassol em uma bandeja junto com várias ferramentas que a criança possa usar para explorar a flor, como uma pinça, uma escova e uma tesoura pequena. Além disso, forneça uma lupa para que a criança examine de perto as partes individuais da flor. Também coloque uma pequena pá de lixo na bandeja para recolher as sementes que caírem durante a dissecação. Assim, a criança poderá limpar a área de trabalho ao término da atividade.

As sementes de girassol são ricas em ácidos graxos insaturados e, portanto, muito saudáveis. Elas não precisam ser desperdiçadas, e podem ser utilizadas como ingrediente para a preparação de um pão, que a criança pode ajudar a fazer, ou para criar um delicioso molho pesto. Além disso, as sementes de girassol também podem ser assadas no forno. No entanto, crianças menores de 4 anos não devem comer as sementes inteiras, devido ao alto risco de engasgo.

A partir de que idade?
5 anos.
Tempo necessário:
5 minutos.
Preparo: fácil.
O que é promovido?
Atenção, concentração, habilidades motoras finas e tato.
Material: girassol, pinça, escova, tesoura, lupa e pá de lixo.

MICROSCÓPIO

Para muitas crianças, as lentes de aumento são fascinantes, mas os microscópios oferecem um apelo especial, pois permitem explorar as menores coisas, que, de outra forma, ficariam ocultas. Existem microscópios infantis relativamente baratos e robustos, que também podem ser encontrados de segunda mão com facilidade. Converse com a criança sobre o que pode ser visto com o microscópio, e façam juntos uma coleta de materiais, como pequenas plantas e ervas, diferentes substâncias e texturas, ou até mesmo uma fatia fina de batata ou pepino. Assim, a criança pode satisfazer sua curiosidade científica de forma completa.

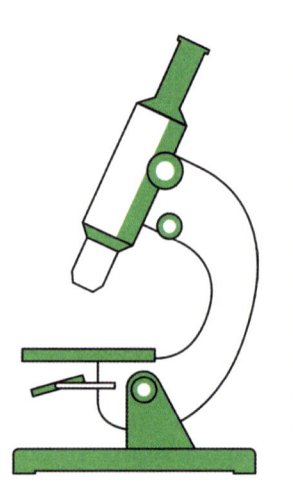

A partir de que idade?
5 anos.
Tempo necessário:
5 minutos.
Preparo: fácil.
O que é promovido?
Concentração e atenção.
Material: microscópio.

FORMAÇÕES GEOGRÁFICAS COM TERRA E ÁGUA

Crie cartões ilustrando formações geográficas com terra e água, de forma esquemática. Não é necessário realizar uma pesquisa elaborada na internet para isso. As formações podem simplesmente ser desenhadas com dois lápis de cor (azul para a água, e marrom para a terra). Produza doze cartões no total, sendo que cada par de cartões tenha o mesmo desenho, mas com cores opostas:

- Oceano (cartão inteiramente azul) e continente (cartão inteiramente marrom)
- Ilha (cartão azul com formação marrom no meio) e lago (cartão marrom com formação azul no meio)
- Península e baía ou golfo
- Cabo e baía
- Istmo e estreito
- Arquipélago e planalto lacustre

Para cada cartão, localize uma seção correspondente em um mapa. Coloque todos os cartões esquemáticos em uma cesta e todos os mapas em outra. Coloque os dois cestos em uma bandeja. Espalhe os cartões esquemáticos em uma área de trabalho e nomeie as formações representadas. Coloque os cartões correspondentes um ao lado do outro. Pegue um mapa da cesta e atribua-o ao cartão esquemático correspondente. Posteriormente, encoraje a criança a realizar essa atividade por conta própria.

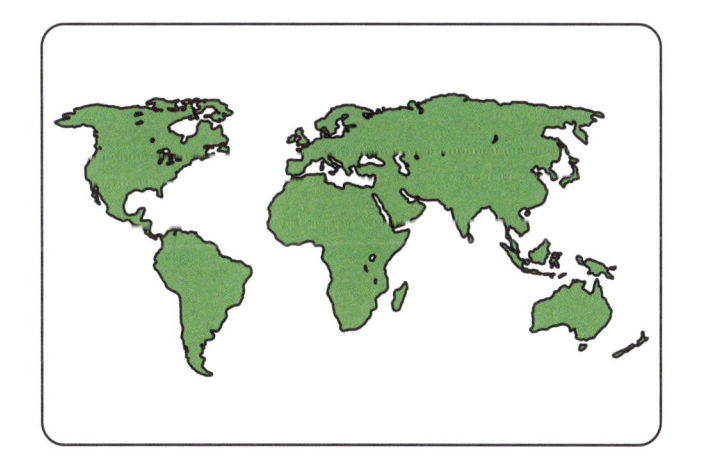

A partir de que idade?
5 anos.
Tempo necessário:
30 minutos.
Preparo: fácil.
O que é promovido?
Conhecimento geográfico, atenção e precisão.
Material: papel, lápis de cor e mapas antigos ou impressora.

DESCOBRINDO OS CONTINENTES

Imprima os contornos dos continentes em sete cartões e escreva o nome correspondente na parte inferior de cada um deles. Em seguida, encontre imagens adequadas para cada continente e imprima-as também. Certifique-se de selecionar imagens particularmente típicas e representativas, como paisagens, fenômenos naturais, hábitats das pessoas que vivem lá e fotos de animais nativos. A criança deve ter conhecimento prévio da maioria das coisas representadas. Organize os cartões dos continentes em uma cesta e os cartões com as fotos em outra, colocando ambas as cestas em uma bandeja. Em seguida, disponha os cartões dos continentes lado a lado em uma área de trabalho e os nomeie. Para iniciar a atividade, pegue um cartão de foto, descreva seu conteúdo e coloque-o abaixo do continente correspondente. Então, peça à criança para retirar um cartão e descrever o que vê. A criança pode agora tentar fazer as combinações corretas. No início, elas podem precisar de ajuda. À medida que a atividade avança e um cartão correspondente é colocado para cada continente, a criança terá mais facilidade devido ao melhor reconhecimento das imagens.

A partir de que idade?
5 anos.
Tempo necessário:
30 minutos.
Preparo: fácil.
O que é promovido?
Conhecimento geográfico.
Material: impressora e papel.

PERCURSO DE DOMINÓ

Crie um percurso de dominó ou blocos de montar com a criança. Comece colocando inicialmente cinco peças e derrube-as com um empurrão do seu dedo. A criança entenderá o princípio e poderá experimentar por si mesma quais percursos são possíveis. Além disso, procure alguns elementos interessantes, como um pequeno sino ou uma bola de gude, que possam produzir sons ou rolar quando as peças caírem. Dessa forma, o exercício fica mais emocionante. A criança certamente contribuirá com suas próprias ideias.

A partir de que idade?
5 anos.
Tempo necessário:
5 minutos.
Preparo: fácil.
O que é promovido?
Compreensão da física, precisão, paciência, concentração e habilidades motoras finas.
Material: dominó ou blocos de montar, outros materiais como um sino e uma pequena rampa.

DESCOBRINDO OS PLANETAS

Se a criança demonstrar grande interesse pelo universo, incentive-a com várias atividades. Imprima um mapa mostrando os planetas em nosso sistema solar e sua distância do Sol. Certifique-se de que os planetas estejam coloridos de forma distinta, sejam grandes e tenham seus nomes indicados. Disponha o mapa junto com potes de massinha em uma bandeja e ofereça-os à criança. Para começar, estenda uma base com massa de modelar azul-escura ou preta. Em seguida, aponte para o planeta mais próximo do Sol e diga seu nome: "Este é Mercúrio.". Pegue então a massa de modelar na cor em que Mercúrio é mostrado no mapa, enrole-a em forma de bola e pressione-a cuidadosamente sobre o fundo escuro já preparado. Finalmente, convide a criança a modelar os outros planetas, seguindo o mesmo processo para cada um deles. Sempre diga o nome do planeta e incentive a criança a usar as proporções do cartão como guia e a formar as esferas correspondentes, pequenas ou grandes.

A partir de que idade? 5 anos.
Tempo necessário: 10 minutos.
Preparo: fácil.
O que é promovido? Conhecimento sobre o sistema solar, atenção, concentração e habilidades motoras finas.
Material: impressora, papel e massinha de cores diferentes.

EXPLORAR PLANTAS

A partir de que idade? 5 anos.
Tempo necessário: 30 minutos.
Preparo: fácil.
O que é promovido? Atenção, concentração, criatividade e habilidades motoras finas.
Material: plantas, lupa, papel e lápis.

Colete plantas, como margaridas, trevo e dentes-de-leão, com a criança. Disponha essas plantas em uma bandeja e entregue à criança uma lupa, algumas folhas pequenas, papel e lápis. Assim, ela terá a oportunidade de examinar as plantas de perto e tentar desenhá-las.

DO GRANDE AO PEQUENO

Esta atividade é particularmente adequada para crianças que já têm uma ideia de que elas próprias são apenas uma pequena parte da Terra. Para isso, serão necessários blocos de empilhar. A escada vermelha, por exemplo, é especialmente adequada, pois é de cor única e não tem figuras adicionais para distrair as crianças. Nessas instruções, presumimos que haja dez blocos disponíveis. Caso não os tenha, ajuste a numeração correta.

Imprima imagens que ajudem a criança a encontrar seu lugar no universo. Fotos com as seguintes figuras são adequadas: a criança, sua casa, sua rua, sua cidade, seu estado marcado em cores no mapa, seu país marcado em cores em um mapa, seu continente marcado em cores em um mapa, a Terra, o sistema solar e o espaço sideral.

Ofereça à criança os cartões em uma cesta e peça-lhe para montar a escada vermelha. Coloque o cartão com a foto da criança no degrau superior. Pergunte à criança onde ela mora, e peça que coloque na escada o cartão que mostra a sua casa. Pergunte onde fica a casa em que vive e deixe-a usar o cartão apropriado. Proceda dessa forma até que todos os cartões tenham encontrado seu lugar.

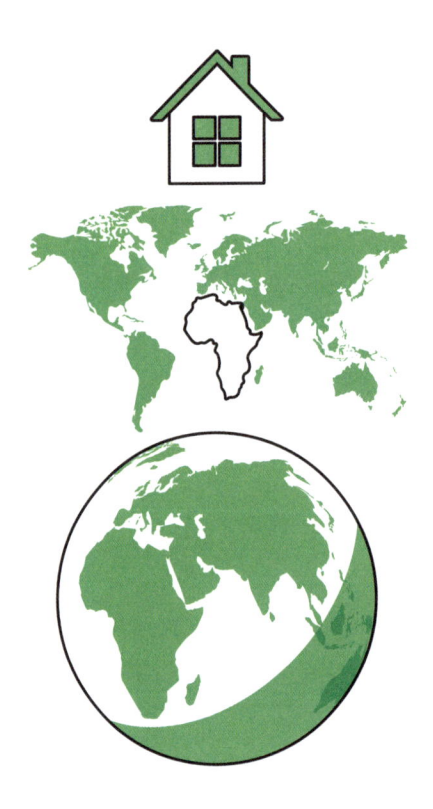

A partir de que idade?
5 anos.
Tempo necessário:
10 minutos.
Preparo: fácil.
O que é promovido?
Classificação do mundo.
Material: blocos de empilhar (por exemplo, a escada vermelha), papel e impressora.

HABILIDADES MOTORAS FINAS

CORTE COM TESOURA

No exercício do corte com tesoura, uma folha é dobrada ao meio e uma figura é cortada no centro da dobra, criando uma imagem simétrica. Isso ensina a criança a usar a tesoura com precisão. As distâncias devem ser medidas cuidadosamente. O resultado artístico encantará a criança e a encherá de orgulho.

A partir de que idade?
5 anos.
Tempo necessário:
5 minutos.
Preparo: fácil.
O que é promovido?
Habilidades motoras finas e manuseio de tesouras.
Material: papel de origami e tesoura.

TRABALHANDO COM PEDRAS-SABÃO

A pedra-sabão, composta principalmente de talco e com baixa densidade, pode ser trabalhada manualmente sem a necessidade de máquinas. A criança pode moldar a pedra-sabão em uma superfície apropriada, utilizando lixas finas e grossas para obter a forma desejada quando estiver seca. Ao umedecer a pedra, é possível lixá-la com mais precisão. Além disso, a pedra pode ser moldada com limas. Certifique-se de fornecer à criança todos os materiais necessários para o trabalho, incluindo uma toalha para secar as mãos durante os intervalos.

A partir de que idade?
5 anos.
Tempo necessário:
5 minutos.
Preparo: fácil.
O que é promovido?
Habilidades motoras finas, ferramentas de manuseio, resistência e concentração.
Material: pedra-sabão, base (pode ser folha de jornal), lixas finas e grossas, tigela com água, toalha e lima.

ESPIRÓGRAFO

Um espirógrafo é um brinquedo feito de plástico, que permite criar padrões geométricos. Ele é formado por rodas dentadas finas feitas de discos de plástico com diferentes orifícios. Para usar o espirógrafo, coloque o papel sobre uma base de papelão e prenda um dos anéis de plástico, ou você pode anexar um anel no papel e colocar uma engrenagem dentro do anel. Em seguida, insira a caneta ou o lápis em um dos buracos para mover a peça, formando um círculo. A criança pode criar diferentes padrões movendo a caneta nos diversos buracos da engrenagem ou utilizando cores diferentes. No entanto, essa atividade requer boa coordenação olho-mão. As crianças com boas habilidades motoras podem dominar essa atividade com facilidade aos 5 anos de idade.

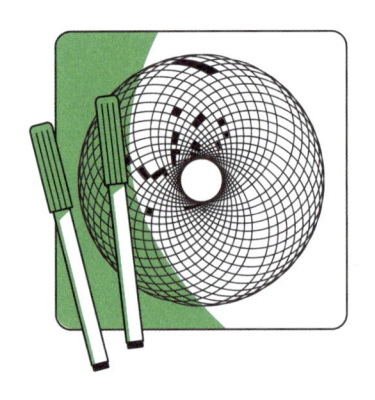

A partir de que idade?
5 anos.
O que é promovido?
Habilidades motoras finas, criatividade e resistência.
Material: espirógrafo, papel e lápis de cor ou caneta hidrográfica.

PULSEIRAS TRANÇADAS

Demonstre à criança como fazer uma trança de lã. Para realizar essa atividade, sente-se ao lado da criança, de modo que ambos estejam voltados para a mesma direção, e demonstre a atividade silenciosamente, permitindo que ela se concentre apenas nas mãos. Em seguida, convide-a a tentar fazer sozinha. A atividade pode resultar em lindas pulseiras, que a criança poderá usar ou presentear alguém.

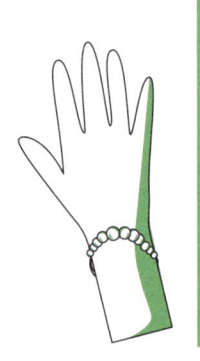

A partir de que idade?
5 anos.
Tempo necessário:
5 minutos.
Preparo: fácil.
O que é promovido?
Habilidades motoras finas e resistência.
Material: lã.

DESENHO PARA COLORIR POR NÚMEROS

Aos 5 anos de idade, a criança já conhece os números de um a dez, o que é um pré-requisito para criar belas imagens com um conjunto de "pintura por números". Os campos a serem coloridos são relativamente pequenos, e exigem muita destreza da criança para concluir essa atividade. Isso certamente a deixará ainda mais satisfeita com os resultados após um esforço concentrado.

A partir de que idade?
5 anos.
O que é promovido?
Habilidades motoras finas, resistência e concentração.
Material: kit de desenho para colorir por números.

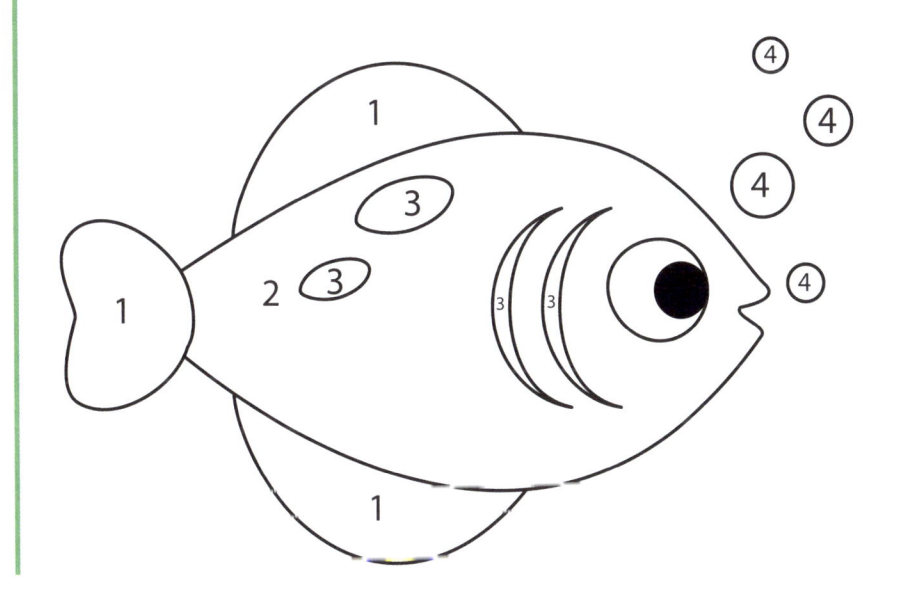

HABILIDADES MOTORAS FINAS

5 - 6 ANOS

LINGUAGEM E LEITURA

NOTAS DE COMANDO

Escreva instruções simples em pequenos pedaços de papel. Veja algumas sugestões:

- "Cante uma música."
- "Pule."
- "Gire rápido."
- "Pegue uma colher na cozinha."
- "Dê uma cambalhota."
- "Fique de pé em uma perna só."
- "Encontre algo amarelo."
- "Encontre algo pequeno."

Dobre os pedaços de papel e coloque-os em uma cesta. Em seguida, convide a criança a desdobrar um papelzinho e realizar a ação indicada nele. Esse exercício pode envolver a criança totalmente, pois atende à sua necessidade de movimento e estimula a criatividade.

A partir de que idade?
5 anos.
Tempo necessário:
10 minutos.
Preparo: fácil.
O que é promovido?
Compreensão de leitura.
Material: papel, tesoura e caneta ou impressora.

RÓTULOS

Rotule os objetos do cotidiano que a criança usa com frequência, de preferência, aqueles que ela usa todos os dias. Isso facilitará que ela se lembre da grafia dessas palavras. Por exemplo, se a criança tiver uma toalha pendurada na altura dela, cole uma pequena etiqueta com a palavra "toalha". Faça o mesmo no guarda-roupa, no banheiro, nos utensílios de cozinha e nos brinquedos que tenham um lugar fixo.

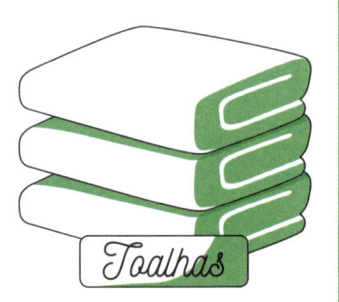

A partir de que idade?
5 anos.
Tempo necessário:
20 minutos.
Preparo: fácil.
O que é promovido?
Compreensão de leitura.
Material: impressora, papel, tesoura e cola.

CAIXAS DE LEITURA

As caixas de leitura são um material de escrita popular desde a idade pré-escolar, e podem ser facilmente criadas a partir de caixas de fósforo ou outras caixas pequenas. Essas caixas podem conter categorias específicas, como animais selvagens, ou temas misturados aleatoriamente.

Na parte superior da caixa, cole uma figura conhecida, e escreva (ou imprima) a palavra correspondente em um pequeno pedaço de papel. Para facilitar a diferenciação, mantenha a coloração típica, utilizando vermelho para consoantes e azul para vogais. Recorte as letras e coloque-as dentro da caixa, para que a criança as retire e monte a palavra de forma independente. Para ajudar na autocorreção, cole a palavra correta na parte inferior da caixa. Além disso, use pontos verdes, amarelos e vermelhos na parte superior para indicar diferentes níveis de dificuldade da atividade.

Ofereça as caixas de leitura em uma bandeja, mantendo o lado com a figura sempre voltado para cima. Escolha uma caixa, nomeie a figura, monte a palavra usando as letras contidas dentro da caixa e verifique a ortografia, utilizando a solução colada na parte inferior. Ofereça à criança a oportunidade de continuar a atividade.

A partir de que idade?
5 anos.
Tempo necessário:
30 minutos.
Preparo: fácil.
O que é promovido?
Escrita e concentração.
Material: impressora, papel, cola e tesoura.

SACOLA DE HISTÓRIAS

Reúna alguns objetos pequenos (por exemplo, Playmobil) e coloque-os em uma sacola. Na primeira vez que realizar o exercício, pegue um objeto aleatório de dentro da sacola. Nomeie o objeto e comece a contar uma história curta que envolva esse objeto. Em seguida, retire outro objeto da sacola e incorpore-o à história. Permita que a criança continue o exercício. Caso queira, reveze com a criança para retirar itens da sacola e contar a história, tornando o exercício ainda mais divertido. Observe que o resultado não precisa ser uma narrativa elaborada.

A criança certamente gostará deste exercício, mesmo que a história final não faça muito sentido. Com o tempo e a prática, as histórias criadas se tornarão mais detalhadas e coerentes, ajudando a criança a desenvolver suas habilidades narrativas e de compreensão do enredo.

A partir de que idade?
5 anos.
Tempo necessário:
5 minutos.
Preparo: fácil.
O que é promovido?
Habilidades narrativas, compreensão de sequências e episódios, e vocabulário.
Material: objetos pequenos, bonequinhos e uma sacola.

FORMANDO LETRAS COM MASSINHA

A partir de que idade?
5 anos.
Tempo necessário:
5 minutos.
Preparo: fácil.
O que é promovido?
Reconhecimento de letras e sons e habilidades motoras finas.
Material: objetos pequenos, sacola e massinha.

Neste exercício, a criança irá consolidar as letras que já conhece usando todos os sentidos. Reúna vários objetos em miniatura (os brinquedos pequenos da criança são adequados para isso), cujos sons iniciais já sejam familiares para ela. Coloque todos os objetos em uma sacola e disponha-os junto com a massinha em uma caixa sobre uma bandeja. É melhor fazer este exercício sobre uma mesa.

Retire um objeto da sacola. Diga o nome do objeto e o som inicial. "Este é o sol. Sol começa com 'sss'." Em seguida, use a massa de modelar para formar a letra correspondente, neste caso um "S". Convide a criança a também pegar um objeto e formar a letra.

DOMINÓ DE SÍLABAS

No dominó de sílabas, cada peça é construída da seguinte forma: de um lado, tem um número (preferencialmente também ilustrado com os pontos de um dado), e do outro, uma imagem. O nome do tema deve ser escrito abaixo da imagem ("bola"). O objetivo é determinar o número de sílabas dessa palavra (no exemplo "bo-la", há duas sílabas) e colocá-la ao lado de uma peça de dominó correspondente, que mostre esse número.

Imprima peças de dominó apropriadas em papel. Plastifique-as ou, melhor ainda, cole-as em papel cartão para facilitar seu manuseio.

A atividade se torna mais fácil quando a criança já está familiarizada com o dominó normal. A contagem de sílabas pode ser aprendida com bastante facilidade batendo palmas para cada sílaba.

A partir de que idade?
5 anos.
Tempo necessário:
30 minutos.
Preparo: médio.
O que é promovido?
Estrutura da palavra e contagem de sílabas.
Material: impressora, papel, tesoura, cola e papelão ou máquina plastificadora.

SONS DO MEIO E DO FIM

Os exercícios anteriores familiarizaram a criança com os fonogramas. Ela também aprendeu a reconhecer os sons iniciais de uma palavra.

Agora, é hora de dar um passo adiante e apresentar à criança o reconhecimento dos sons do meio e do fim de uma palavra. O reconhecimento dos sons do meio é um exercício mais fácil e, portanto, deve ser feito primeiro. Quando a criança estiver mais confiante nesse exercício, siga o mesmo princípio com os sons finais.

Imprima cartões com uma figura grande e o nome correspondente logo abaixo. Escolha palavras com uma ou duas sílabas (pés, sol, flor, nariz, gato, pato). Em seguida, adicione letras de lixa em outra cesta. Pegue um cartão e leia deliberadamente a palavra de forma lenta e com ênfase. Logo depois, diga à criança qual som pode ser ouvido no meio da palavra. Pegue a letra de lixa correspondente na mão e trace-a com o dedo. Peça à criança para tentar também.

Para realizar uma autocorreção, escreva a palavra no verso do cartão e marque o som correspondente em vermelho.

A partir de que idade? 5 anos.
Tempo necessário: 20 minutos.
Preparo: fácil.
O que é promovido? Treinamento auditivo, compreensão de sons e pareamento de sons e letras.
Material: impressora, papel, tesoura e letras de lixa.

CAIXAS DE FONOGRAMAS

Essas caixas também podem ser feitas com caixas de fósforos ou caixas pequenas, e têm um objetivo semelhante ao exercício das sacolas de letras, em que se deve apresentar uma letra usando objetos que a tenham como primeiro som. As caixas de fonogramas, por outro lado, introduzem sons que não podem ser escritos com apenas uma letra. Em português, isso diz respeito principalmente às seguintes combinações: ch, lh, nh, rr, ss, sc, sç, xc, xs, gu, qu, am, an, em, en, im, in, om, on, um, un. Para cada um desses sons, pense em pelo menos três palavras de exemplo que podem ser colocadas na caixa em forma de imagem ou formato miniatura. Além disso, escreva as palavras em um pedaço de papel e destaque a combinação de letras correspondente em vermelho. Certifique-se de que haja apenas um fonograma em cada palavra. Cole a forma escrita do fonograma na tampa da caixa em forma impressa.

Comece com um fonograma simples (por exemplo, "on"). Pegue as letras de lixa que aparecem nessa palavra. Peça à criança para ler as duas letras ("o" e "n"). Ela lerá em voz alta e possivelmente traçará as letras. Una os dois cartões e diga: "Essas duas letras são pronunciadas como 'on'. Elas têm seu próprio cartão.". O cartão já estará preparado. Coloque-o na frente da criança e dê a ela tempo para dizer o fonograma novamente e traçá-lo.

Agora a criança pode trabalhar com as caixas de fonogramas. Pegue um dos objetos ou figuras, diga o que está vendo, e coloque o pedaço de papel com a palavra correspondente ao lado. A criança pode agora continuar com esse exercício. Graças à marcação vermelha, ela sempre tem à vista o fonograma recém-aprendido.

Depois de ter trabalhado com as caixas de fonogramas muitas vezes, aumente a dificuldade removendo os papéis com as palavras. O objetivo é que a criança escreva as palavras sozinha. Coloque todas as palavras no verso da caixa para a autocorreção.

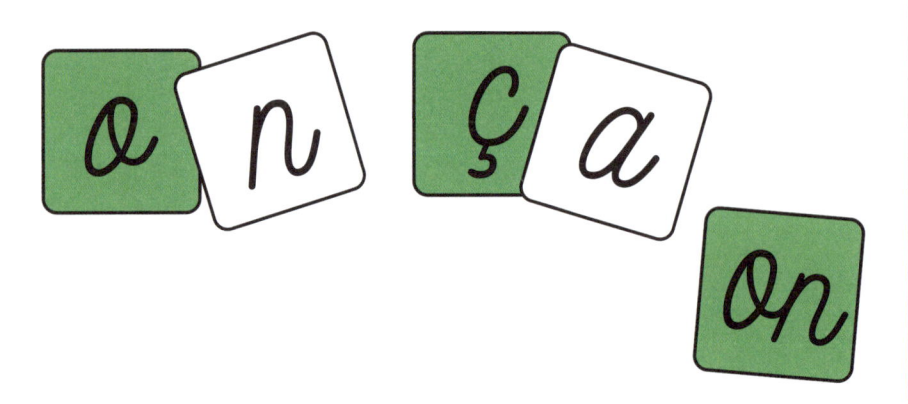

A partir de que idade?
5 anos.
Tempo necessário:
20 minutos.
Preparo: fácil.
O que é promovido?
Conhecimento dos dígrafos.
Material: caixas de fósforos, impressora, papel, pequenos objetos (opcional) e cola.

ESTRELA DA LEITURA

Para fazer uma estrela da leitura, será necessário criar doze triângulos isósceles (dois lados de mesmo tamanho), que devem ser plastificados ou colados em papel colorido para ter uma durabilidade maior. Seis deles devem conter apenas imagens. Os outros seis triângulos terão uma palavra impressa em cada lado e uma figura no terceiro lado. Os triângulos devem ser unidos de forma que o lado de um triângulo com a palavra escrita possa ser anexado ao lado de outro triângulo com a figura correspondente. Os seis triângulos com palavras e imagens formarão o interior da estrela. No final, os seis triângulos que contêm apenas imagens formarão as pontas da estrela.

Ofereça à criança os cartões triangulares em um cesto e espalhe-os em uma área de trabalho. Pegue um triângulo com escrita e leia um dos lados. Encontre o cartão com a figura correspondente e coloque-o ao lado da escrita. Demonstre o princípio com outro cartão e peça à criança para continuar.

A partir de que idade?
5 anos.
Tempo necessário: 20 minutos.
Preparo: fácil.
O que é promovido? Compreensão de leitura, concentração e atenção.
Material: impressora, papel, tesoura e máquina de plastificação ou papel colorido.

RACIOCÍNIO MATEMÁTICO E LÓGICO

SEQUÊNCIA NUMÉRICA COM PEDRAS

Em uma caminhada com a criança, colete dez pedras planas de tamanho semelhante, se possível. Em casa, escreva um número de um a dez em cada pedra. Prepare sequências numéricas de um a dez em um pedaço de papel, deixando um espaço em branco para um número. Peça à criança para preencher o espaço com a pedra que contém o número correto. Para tornar o exercício mais desafiador, deixe mais de um número em branco. Quando a criança dominar bem esse exercício, encurte as sequências numéricas, ou seja, não escreva os números de um a dez seguidos, mas, por exemplo, apenas de três a oito, e deixe um ou mais espaços livres. Se a criança já conhece números maiores, use números fora da faixa das dezenas.

A partir de que idade?
5 anos.
Tempo necessário:
10 minutos.
Preparo: fácil.
O que é promovido?
Reconhecimento de números.
Material: papel, caneta e pedras.

JOGO DE ENGRENAGENS

Os jogos de engrenagens podem ser encontrados em qualquer loja de brinquedos. Eles consistem em pequenas engrenagens que podem ser fixadas em uma placa. A criança pode explorar como montar as engrenagens para que toda a estrutura gire.

A partir de que idade?
5 anos.
O que é promovido?
Compreensão de física e habilidades motoras.
Material: jogo de engrenagens.

RECRIAÇÃO DE ESTRUTURAS DE CUBO

A partir de que idade?
5 anos.
Tempo necessário:
30 minutos.
Preparo: médio.
O que é promovido?
Raciocínio lógico e espacial, capacidade de concentração e atenção.
Material: blocos ou cubos de montar, câmera, impressora e máquina plastificadora.

Para este exercício, serão necessários blocos de montar ou pequenos cubos destinados ao uso em matemática. Use-os para construir formas tridimensionais, que não devem ser muito difíceis. Limite-se a duas cores diferentes ou, se não for possível devido ao material disponível, a formas simples. Posicione as construções deliberadamente de modo que alguns objetos fiquem mais para trás do que outros. Tire fotos das estruturas e imprima-as em cartões. Ofereça-as à criança junto com uma cesta contendo todos os blocos necessários. Coloque ambos em uma área de trabalho, pegue um cartão e comece a recriá-lo. Convide a criança para continuar a tarefa. Observe que, no início, o pensamento tridimensional será um grande desafio para a criança.

INSTRUÇÕES DE LEGO

Ofereça conjuntos de Lego adequados para a idade da criança para que ela possa construí-los seguindo as instruções. Ela talvez precise de sua ajuda no começo. No entanto, muitas crianças realmente gostam dessa atividade e construirão um conjunto várias vezes até conseguirem fazer tudo sozinhas.

A partir de que idade?
5 anos.
O que é promovido?
Compreensão espacial, concentração, perseverança e atenção.
Material: Lego.

BALANÇA INFANTIL

Com uma balança infantil analógica, a criança pode ter uma primeira noção do peso das coisas. Ofereça a balança à criança para que ela faça experimentações livres. Ela pode pesar diferentes brinquedos. Pergunte qual objeto é mais pesado e, em seguida, qual lado da balança está mais alto e qual está mais baixo. Dessa forma, a criança pode aprender por dedução como reconhecer qual objeto é mais pesado ou mais leve, e como a balança fica quando dois objetos têm o mesmo peso. Depois que a criança fizer experimentações com diferentes brinquedos, apresente a ela pequenos pesos. A criança certamente ficará surpresa com o peso desses pequenos objetos de metal em comparação com os grandes bichinhos de pelúcia.

A partir de que idade?
5 anos.
O que é promovido?
Compreensão de peso e experimentação.
Material: balança infantil e vários objetos para pesar.

VOLUME COM PROVETAS (CILINDROS GRADUADOS)

Para este exercício, serão necessárias provetas (cilindros graduados) com a aparência o mais diferente possível. Procure cilindros altos e largos, alguns com um grande volume e outros com um pequeno volume. Encha uma bacia com água e deixe a criança experimentar livremente com os materiais. Em seguida, faça algumas perguntas específicas. Por exemplo, pergunte qual dos recipientes contém menos água e qual pode conter mais, ou incentive-a a comparar dois copos de medição determinados em termos de capacidade.

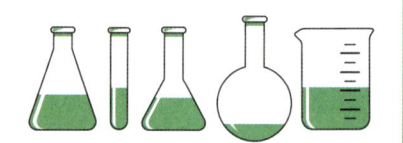

A partir de que idade?
5 anos.
Tempo necessário:
5 minutos.
Preparo: fácil.
O que é promovido?
Compreensão de volume, raciocínio lógico e atenção.
Material: provetas e bacia rasa.

QUANTOS?

O objetivo deste exercício é familiarizar a criança com os primeiros problemas simples de adição na faixa de números até cinco.
O pré-requisito para isso é que ela reconheça os números de um a cinco sem dificuldade. Divida uma folha de papel em duas colunas, cada uma com três linhas. Agora escreva um pequeno cálculo em cada uma dessas caixas da seguinte forma: escreva dois números um pouco distantes um do outro. Circule os dois números. Desenhe um terceiro círculo vazio entre os dois números e um pouco acima deles. Conecte os dois círculos com número ao círculo vazio.
A criança deve agora escrever o resultado da adição no círculo vazio. Posteriormente, pode-se estender o exercício para o intervalo de números até sete, e depois até dez.

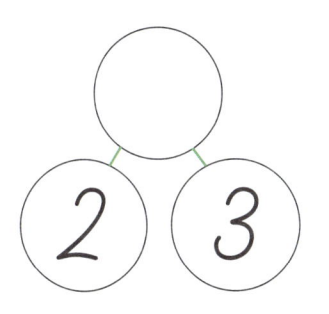

A partir de que idade?
5 anos.
Tempo necessário:
5 minutos.
Preparo: fácil.
O que é promovido?
Primeiro cálculo, adição e concentração.
Material: papel e caneta.

INTERVALO ADICIONAL DE NÚMEROS

No computador, crie uma tabela com dez colunas e duas linhas. Digite os números de um a vinte. Imprima duas tabelas. Caso queira, plastifique uma das folhas para maior durabilidade e recorte os números da segunda folha. Ofereça à criança a folha plastificada em uma bandeja, e coloque os papéis com os números em uma pequena cesta. Em seguida, leia o primeiro número em voz alta ("Um"), procure o número correspondente na cesta e coloque-o no local apropriado. Prossiga com o número dois da mesma forma e, em seguida, peça à criança para continuar o exercício.

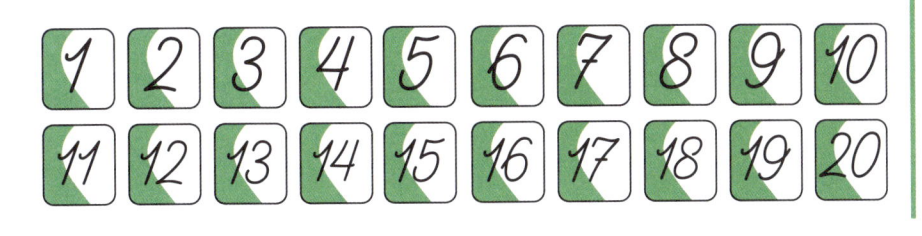

A partir de que idade?
5 anos.
Tempo necessário:
10 minutos.
Preparo: fácil.
O que é promovido?
Reconhecimento dos números até vinte e concentração.
Material: papel, tesoura, impressora e máquina plastificadora.

SIMETRIA E REFLEXÃO DE EIXOS

A partir de que idade?
5 anos.
Tempo necessário:
15 minutos.
Preparo: fácil.
O que é promovido?
Raciocínio lógico e compreensão de simetria.
Material: papel, canetas e plástico filme.

Para este exercício, será necessário plástico filme resistente. Pode-se usar a tampa de uma embalagem descartável. Corte o plástico em um círculo com diâmetro de cerca de 4 a 5 centímetros. Use um marcador permanente para desenhar uma linha reta exatamente no centro desse círculo (diâmetro).

Desenhe algumas formas simétricas no papel. Formas básicas como um círculo, um retângulo e um triângulo equilátero são adequadas. Sinta-se à vontade para criar formas, desenhar figuras engraçadas ou imprimi-las. No entanto, todas as formas e figuras representadas devem ser simétricas.

Coloque o papel e o círculo de plástico na área de trabalho. Retire uma das formas e explique à criança que você irá verificar onde a linha desenhada na tampa de plástico deve estar para que o lado esquerdo da figura seja igual ao lado direito. Coloque o círculo de plástico sobre a forma de modo que a linha desenhada nele forme um eixo de simetria. Mostre à criança como a forma é espelhada ao longo dessa linha. Depois, peça à criança para tentar colocar a linha corretamente em outra figura.

FRAÇÕES

Recorte seis círculos com cerca de 10 centímetros de diâmetro em uma cartolina grossa de cores variadas. Divida cinco desses círculos em 2, 3, 4, 5 e 6 partes iguais, respectivamente. Deixe o sexto círculo inteiro. Disponha os círculos em uma área de trabalho e conte as partes de cada círculo. Em seguida, remova uma das duas metades do círculo dividido ao meio e converse com a criança sobre como essa parte pode ser substituída (por exemplo, com duas partes do círculo dividido em quatro).

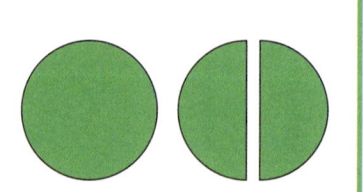

A partir de que idade?
5 anos.
Tempo necessário:
10 minutos.
Preparo: fácil.
O que é promovido?
Compreensão de números e frações.
Material: papel *kraft*, caneta e tesoura.

TREINAMENTO SENSORIAL

FRASCOS DE SABOR

Os frascos de sabor oferecem à criança a oportunidade de explorar o mundo usando todos os seus sentidos. Prepare cerca de dez frascos pequenos, preferencialmente escuros com conta-gotas, como os que contêm óleos essenciais. Encha os frascos em pares com líquidos de sabores diferentes, como água (neutro), solução de açúcar (doce), água com sal dissolvido (salgado), água com limão (azedo) e cacau natural (amargo). Certifique-se de que os cinco sabores básicos estejam representados.

Disponha os frascos em uma bandeja para a criança. Ela deve abrir um frasco, usar o conta-gotas para pingar um pouco de líquido nas costas da mão e experimentar o sabor. Incentive-a a identificar o sabor experimentado. Em seguida, peça que feche o frasco e procure outro com o mesmo sabor. A criança pode beber um pouco de água para neutralizar o sabor anterior e limpar a mão com um pano úmido. Dessa forma, pode experimentar novamente a primeira substância e fazer comparações para verificar se encontrou a combinação correta. Caso deseje, cole adesivos de cores iguais nos fundos dos frascos correspondentes para facilitar a comparação.

Em uma versão mais avançada da atividade, ofereça o mesmo sabor em diferentes intensidades. Por exemplo, esprema um limão em uma tigela pequena e misture três colheres de chá de água com uma colher de chá de limão para a primeira garrafa; duas colheres de chá de água com duas colheres de chá de limão para a segunda garrafa; e assim por diante. A criança pode então tentar organizar os frascos de acordo com a intensidade do sabor.

A partir de que idade?
5 anos.
Tempo necessário:
10 minutos.
Preparo: fácil.
O que é promovido?
Paladar, diferenciação de sabores e descrição de um sabor.
Material: frascos pequenos com conta-gotas, líquidos diferentes, copo d'água e um pano úmido.

CAIXAS DE CHEIROS

Para este exercício, você precisará de frascos pequenos e opacos com tampas. Potinhos de filme fotográfico de 35 milímetros vazios podem ser uma boa opção, desde que sejam fáceis de abrir. Para preparar a atividade, encha cada recipiente com uma substância de cheiro forte, como especiarias (cravo, pimenta, canela), alimentos (tangerina, cebola), materiais naturais (grama, terra) ou ervas (hortelã, alecrim, sálvia).

Peça para a criança cheirar um frasco de olhos fechados e adivinhar o que é. Lembre-se, entretanto, que esse exercício não é fácil.

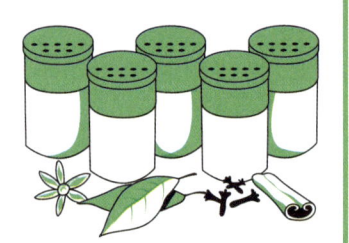

A partir de que idade?
5 anos.
Tempo necessário:
15 minutos.
Preparo: fácil.
O que é promovido?
Olfato.
Material: várias ervas e temperos, e frascos com tampas.

BOLSA DE SENTIMENTOS

Para este exercício, serão necessários pequenos pedaços de madeira com base redonda (2 centímetros de diâmetro), quadrada (2 × 2 centímetros) ou retangular. As peças devem ter o mesmo tamanho. Usando cola quente, fixe diferentes texturas na parte inferior desses pedaços de madeira. Cada par de peças deve ter a mesma textura. Pode-se usar uma variedade de materiais para criar as texturas, como lixa, tecido macio, arroz, a superfície áspera da madeira, veludo ou papel alumínio. Utilize materiais que podem ser encontrados em casa. Comece com doze peças, para não tornar o jogo muito difícil no início. À medida que a criança se familiarizar com o jogo, adicione mais peças para aumentar o desafio.

Coloque todas as peças de madeira em uma sacola. A criança deve tirar uma peça da sacola sem olhar dentro dela. Peça para a criança descrever a textura da parte inferior da peça (lisa, áspera, espinhosa, macia etc.). Depois, a criança deve tentar encontrar outra peça na sacola com a mesma textura.

A partir de que idade?
5 anos.
Tempo necessário:
30 minutos.
Preparo: médio.
O que é promovido?
Tato, atenção, concentração e memória.
Material: pedaços de madeira, cola quente, vários materiais para a base e uma sacola.

OS CINCO SENTIDOS

Imprima um cartão para cada um dos cinco sentidos (visão, olfato, tato, audição e paladar) com um símbolo correspondente (um olho, um nariz, uma mão, uma orelha e uma língua, respectivamente) em cartões de 8 × 8 centímetros. Depois, desenhe ou encontre imagens que correspondam a cada sentido em cartões menores de 5 × 5 centímetros. Mantenha um número reduzido de cartões por sentido no início (três ou quatro). Aqui estão alguns exemplos para cada sentido:

- **Visão:** respingos de cores, um espelho ou ilusões de ótica.
- **Olfato:** um pau de canela, uma pilha de folhas, uma cebola fatiada.
- **Tato:** uma esponja de banho macia, pantufas, uma escova.
- **Audição:** um instrumento musical, a sirene de um carro de polícia, um bebê chorando.
- **Paladar:** um doce, um limão, sal.

Coloque os cartões com símbolos sensoriais em uma área de trabalho e coloque um recipiente com os cartões pequenos ao lado deles. Pegue um cartão e descreva o que há nele, por exemplo: "Este é um limão. Tem um sabor muito azedo.". Em seguida, coloque a imagem sob o cartão sensorial correspondente. Por fim, incentive a criança a assumir o controle e fazer as correspondências sozinha.

A partir de que idade?
5 anos.
Tempo necessário:
20 minutos.
Preparo: fácil.
O que é promovido?
Vocabulário e raciocínio lógico.
Material: impressora e papel.

A CADEIRA TRANSPARENTE

A partir de que idade?
5 anos.
Tempo necessário:
5 minutos.
Preparo: fácil.
O que é promovido?
Percepção de cores e musculatura.
Material: cadeira, filme plástico, cores e pincel.

Coloque uma cadeira infantil de cabeça para baixo sobre uma mesa de modo que as pernas fiquem apontadas para cima. Enrole o plástico filme ao redor de todas as pernas, de modo que seja criada uma espécie de parede transparente. Em seguida, ofereça à criança a oportunidade de colorir o plástico. As cores terão um efeito diferente para a criança, devido ao fundo transparente. O trabalho vertical também estimula e fortalece outros grupos musculares.

ATIVIDADES DA VIDA PRÁTICA

FAZER UM LAÇO

Aos 5 anos de idade, muitas crianças têm as habilidades motoras necessárias para aprender a amarrar um laço. Para isso, limpe um sapato e disponibilize-o como objeto de treinamento. As crianças geralmente acham mais fácil aprender a amarrar um laço usando o truque das "orelhas de coelho". A criança faz um nó simples e, em seguida, forma uma alça com as duas extremidades do cadarço (orelhas de coelho). Depois, ela cruza as alças e passa uma delas por baixo. Um bom mnemônico para isso é: "Uma orelhinha de coelho e outra orelhinha de coelho passam juntas por um portão.".

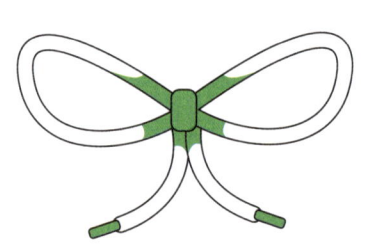

A partir de que idade?
5 anos.
Tempo necessário:
5 minutos.
Preparo: fácil.
O que é promovido?
Habilidades motoras finas, autonomia e resistência.
Material: sapato com cadarços.

COSTURAR UM BOTÃO

A partir de que idade?
5 anos.
Tempo necessário:
5 minutos.
Preparo: fácil.
O que é promovido?
Habilidades motoras finas, autonomia e concentração.
Material: bastidor de bordado, botão grande, agulha sem ponta e tecido.

A partir dos 5 anos de idade, a criança já pode começar a aprender a costurar um botão. Para facilitar a atividade e minimizar o risco de ferimentos, comece com um botão grande, um tecido de malha grossa, uma agulha sem ponta e um bastidor de bordado. À medida que a criança for ganhando experiência e habilidade, será possível diminuir, aos poucos, o tamanho dos botões usados na atividade. Mostre à criança como costurar um botão, certificando-se de estar voltada(o) para a mesma direção que ela. Durante a demonstração, evite falar, para que a criança possa se concentrar totalmente nos movimentos das mãos.

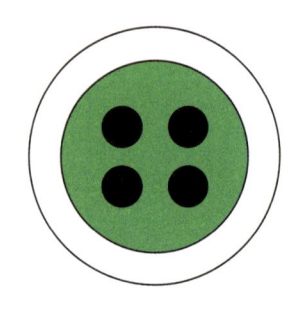

TECELAGEM

Pequenos teares para crianças oferecem uma ótima oportunidade para que elas tenham sua primeira experiência com a tecelagem. Esses teares funcionam como os tradicionais, porém têm um tamanho menor, o que torna a atividade mais acessível para as crianças e proporciona resultados mais rápidos. Nesses teares, uma grade é colocada na moldura com lã, permitindo que fios de lã sejam passados de um lado para o outro, criando, assim, uma estampa. As crianças podem usar essa técnica para tecer um cobertor para sua boneca, por exemplo. Essa atividade exige paciência e perseverança, mas também resulta em um trabalho gratificante, que a criança pode se orgulhar de completar. Para crianças mais impacientes, é recomendado começar com trançado em papel. Nesse caso, a tecelagem consiste em passar tiras coloridas de papel por um molde de papel anteriormente recortado para ser trançado. Conjuntos específicos para essa atividade podem ser encontrados em lojas de artesanato. Embora também exija certa habilidade para evitar rasgar o papel, a atividade tem menor complexidade e permite que a criança sinta uma sensação de realização mais rapidamente.

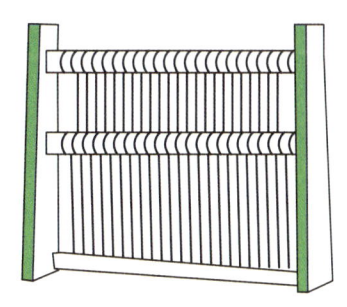

A partir de que idade?
5 anos.

O que é promovido?
Habilidades motoras finas e perseverança.

Material: tear (de papel, se possível), lã e pente.

TEAR FRANCÊS (*TRICOTIN*)

A partir de que idade?
5 anos.
O que é promovido?
Habilidades motoras finas, autonomia e perseverança.
Material: tear francês e lã.

O tear francês é um pequeno dispositivo de madeira utilizado para fazer cordões de tricô, que podem ser transformados em pulseiras ou presentes para outras pessoas. Tricotar com um tear francês requer coordenação motora fina e paciência. Incentive a criança durante o processo, especialmente se ela encontrar dificuldades ou sentir frustração inicialmente.

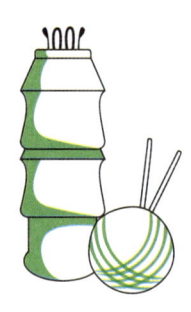

RALADOR DE QUEIJO

À medida que a criança amadurece, envolvê-la nas atividades culinárias é uma ótima ideia. Até agora, a criança aprendeu a usar diferentes tipos de faca, e provavelmente ela também sabe manusear alguns outros utensílios com segurança. Agora mostre como usar um ralador de queijo. Se a criança gosta de comer macarrão com queijo, essa é a oportunidade ideal para que ela mesma rale o queijo. Tenha cuidado para que ela não se machuque.

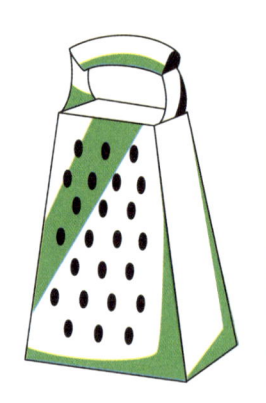

A partir de que idade?
5 anos.
Tempo necessário:
5 minutos.
Preparo: fácil.
O que é promovido?
Habilidades motoras finas e autonomia.
Material: queijo e ralador de queijo.

CUIDADOS COM UMA PLANTA

A partir de que idade?
5 anos.
Tempo necessário:
5 minutos.
Preparo: fácil.
O que é promovido?
Responsabilidade.
Material: planta e garrafão ou regador.

Proporcionar um ambiente agradável e esteticamente harmonioso é um dos princípios do método Montessori. As plantas chamam muito a atenção, seja na sala de estar ou no quarto das crianças. Se houver espaço disponível, considere colocar uma planta não tóxica no quarto da criança. Coloque a planta em um local acessível, para que a criança possa cuidar dela com facilidade. Incentive-a a regar a planta usando um regador pequeno, e, se necessário, envolva a criança no processo de replantio. Essa prática permite que a criança aprenda sobre responsabilidade ambiental desde cedo.

ACENDER UMA VELA

Mostre à criança como acender uma vela com um fósforo. Demonstre o procedimento primeiro e depois encoraje-a a tentar sozinha. É recomendável usar fósforos longos, para maior segurança. Esse exercício pode ser incorporado a alguma tradição religiosa da família (por exemplo, o Advento entre os cristãos). Além disso, acender uma vela durante o café da manhã ou o jantar pode se tornar um ritual agradável na mesa de refeições.

A partir de que idade?
5 anos.
Tempo necessário:
5 minutos.
Preparo: fácil.
O que é promovido?
Habilidades motoras finas e autonomia.
Material: vela e fósforos longos.

ORGANIZAÇÃO DE MOEDAS

O dinheiro ainda é um conceito muito abstrato para a maioria das crianças dessa idade. Incentive a criança a entender o dinheiro desde cedo. Para isso, junte moedas variadas durante alguns dias ou semanas até ter uma quantidade significativa. Coloque uma moeda de cada tipo em uma área de trabalho, organizando-as em ordem crescente de valor. Enquanto organiza, explique o valor de cada moeda para a criança. Em seguida, incentive-a a organizar as outras moedas por valor.

Se a criança já entende bem o conceito de dinheiro, aproveite a oportunidade para discutir com ela quantas moedas de cada tipo seriam necessárias para comprar itens pequenos, como um pirulito ou uma barra de chocolate.

A partir de que idade? 5 anos.
Tempo necessário: uma a duas semanas.
Preparo: fácil.
O que é promovido? Compreensão do dinheiro.
Material: moedas.

DOBRAR CAMISETAS COM UMA PRANCHA DE DOBRAR

Aos 5 anos de idade, muitas crianças já têm coordenação motora o suficiente para ajudar a dobrar roupas. Uma forma de facilitar o processo para a criança é criar uma prancha de papelão para dobrar camisetas. Há instruções detalhadas com fotos e diversos vídeos disponíveis na internet. Com a prancha, a criança poderá aprender a dobrar suas próprias camisetas e organizá-las no guarda-roupa sozinha.

A partir de que idade? 5 anos.
Tempo necessário: 10 minutos.
Preparo: fácil.
O que é promovido? Autonomia.
Material: papelão, fita adesiva, caneta e estilete.

TERMÔMETRO

A partir de que idade?
5 anos.
Tempo necessário:
5 minutos.
Preparo: fácil.
O que é promovido?
Autonomia.
Material: termômetro e papel colorido (opcional).

Nesta fase, a criança já possui uma compreensão inicial dos números, e pode começar a aprender a ler um termômetro. Mesmo que ainda não conheça todos os números, é possível ajudá-la a entender as temperaturas de forma rudimentar. Uma boa maneira de ilustrar as temperaturas é decorar o termômetro com tiras de papel coloridas: use vermelho para representar o quente e azul para o frio.

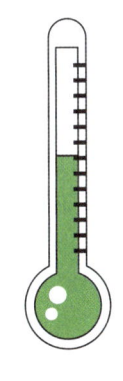

QUE HORAS SÃO?

Na idade pré-escolar, é possível começar a ensinar a criança a ler o relógio de forma gradual, começando com horas inteiras e meias. Como pré-requisito, a criança deve saber ler os números de um a doze. Uma abordagem interessante para ajudar a criança a entender o relógio é codificá-lo por cores, associando diferentes atividades a intervalos específicos do dia. Por exemplo, use uma cor para marcar o horário de ir para a escola e outra para o momento das refeições.

A partir de que idade?
5 anos.
Tempo necessário:
5 minutos.
Preparo: fácil.
O que é promovido?
Autonomia.
Material: relógio e papel colorido (opcional).

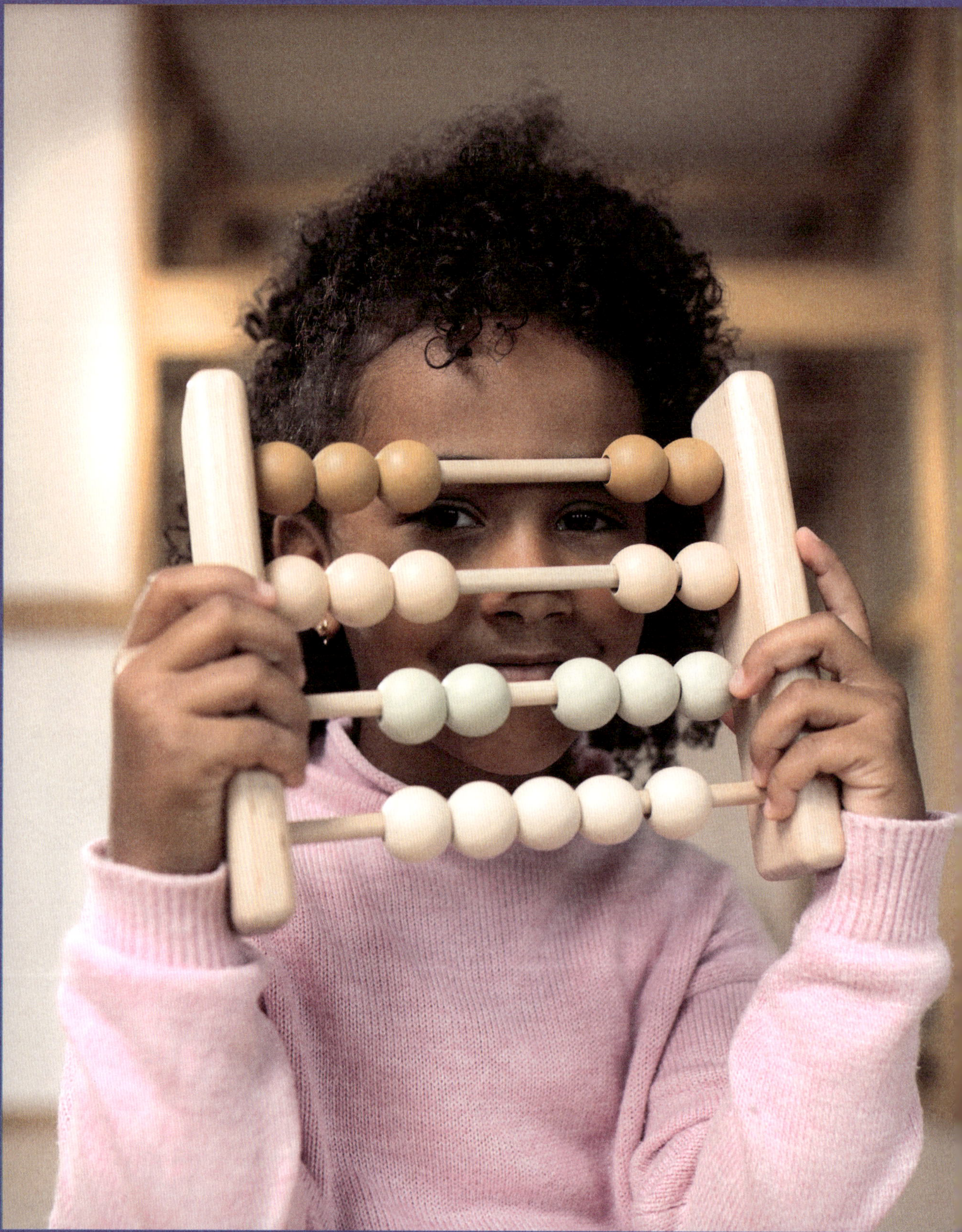

CONSIDERAÇÕES FINAIS
~

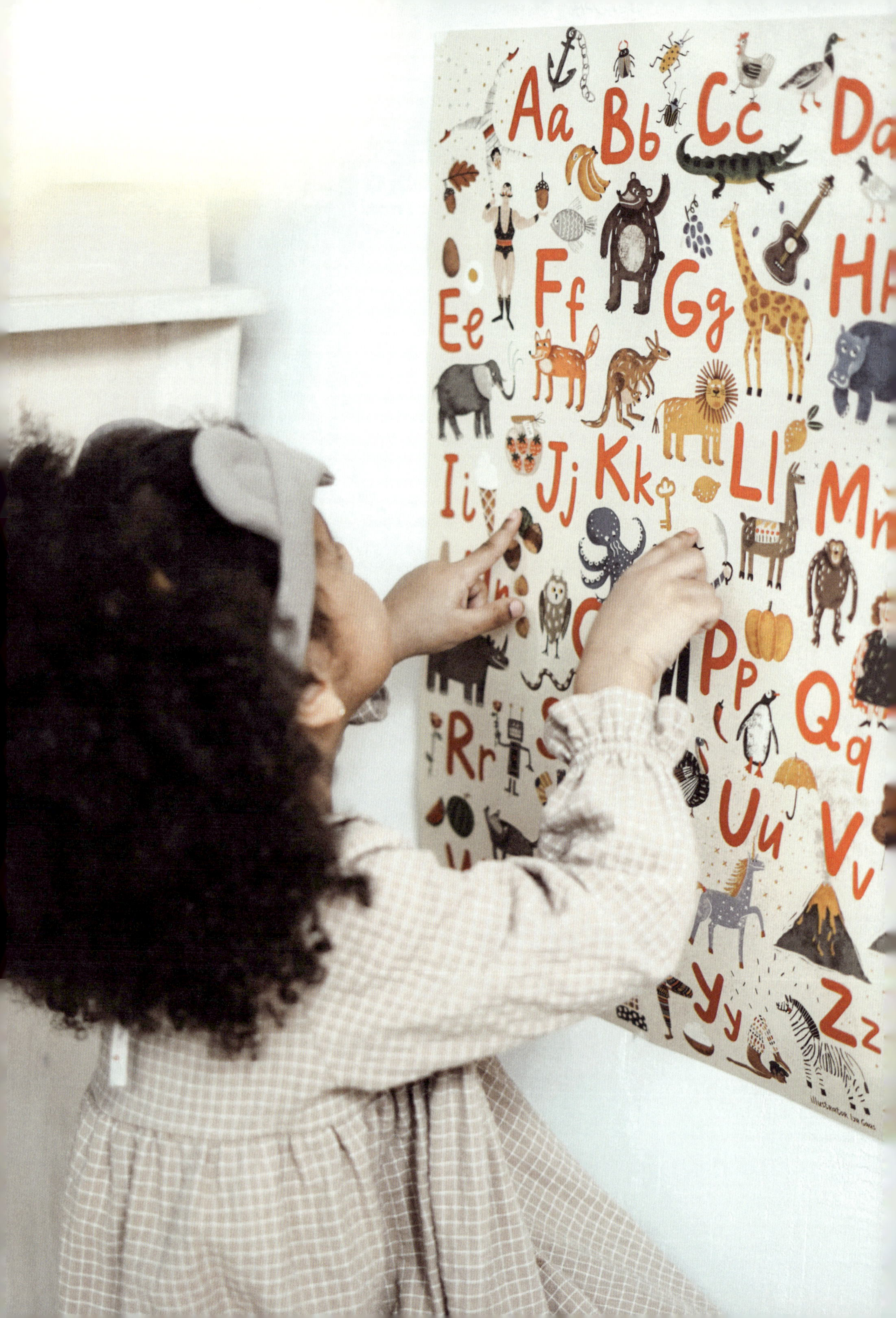
Aa Bb Cc
Ee Ff Gg
Ii Jj Kk Ll
Pp Qq
Rr
Uu Vv
Yy Zz

"Me ajuda a fazer sozinho." Com base nesse princípio de Maria Montessori, oferecemos diversas sugestões sobre como aplicar e incentivar a criança de acordo com o método Montessori. Além da implementação prática, apresentamos os fundamentos teóricos mais importantes que definem a filosofia de Maria Montessori.

As ideias Montessori para crianças pequenas são abundantes, especialmente entre 1 e 3 anos. Livros, redes sociais e vários blogs oferecem uma ampla variedade de sugestões de atividades para serem realizadas em casa. A primeira parte desta série de livros, O guia Montessori para bebês e crianças, também oferece muitas ideias e sugestões para promover a educação Montessori em casa para bebês e crianças de até 3 anos de idade.

É possível encontrar muitos blogs focados na educação domiciliar Montessori que oferecem pesquisas bem fundamentadas e estão repletos de ideias criativas e soluções inteligentes, que podem ser facilmente aplicadas em casa.

Sinta-se livre para continuar explorando conteúdos em busca de inspiração para enriquecer sua experiência com o método Montessori. A jornada de aprendizado e implementação da pedagogia Montessori costuma ser longa e recompensadora. Há muito a descobrir e experimentar, e essa abordagem pode transformar a maneira como interagimos com as crianças e impactar positivamente a dinâmica da família. Adote as sugestões que mais se ajustam às necessidades da sua família e abrace as oportunidades que o caminho Montessori pode proporcionar.

REFERÊNCIAS

[1] https://www.kindergartenpaedagogik.de/fachartikel/geschichte-der-kinderbetreuung/manfred-berger-frauen-in-der-geschichte-des-kindergartens/378/

[2] https://www.planet-wissen.de/gesellschaft/lernen/schulgeschichte/pwiemariamontessori100.html

[3] https://www.spiegel.de/geschichte/paedagogin-maria-montessori-die-frau-die-kindern-freiheit-gab-a-1d318e46-fcb6-410a-9014-19e1fe9b968f

[4] https://www.monaddrei.de/

[5] https://www.montessori-deutschland.de/ueber-montessori/ueber-die-montessori-paedagogik/

[6] https://montessori-material.info/montessori-philosophie.html

[7] https://www.angell-montessori.de/allgemeines/paedagogisches-konzept/sensible-phasen

[8] https://www.montessoribayern.de/landesverband/paedagogik/m-paedagogik-die-bereiche/sensible-phasen

[9] https://montessori-material.tv/sensiblen-phasen-montessori-paedagogik/#:~:text=3%20bis%206%20Jahre%20%E2%80%93%20Die%20Phase%20der%20Vervollkommnung&text=Der%20Wortschatz%20erweitert%20und%20verfeinert,Zahl%20zuordnen%2C%20Zahlen%20schreiben%20etc.

[10] https://www.focus.de/familie/misstrauensvotum-an-das-kind-katia-saalfrank-warum-das-belohnen-von-kindern-in-wahrheit-eine-bestrafung-ist_id_107979855.html

[11] Idstein: https://www.montessori-idstein.de/montessori-paedagogik/

[12] https://www.montessoribayern.de/landesverband/paedagogik/m-paedagogik-die-bereiche/die-vorbereitete-umgebung#:~:text=Die%20vorbereitete%20Umgebung%20ist%20also%20der%20physische%20und%20psychische%20Raum,Geist%20und%20Charakter%20gelingen%20kann.

[13] https://www.montessori-material.de/blog/montessori-paedagogik/fuenf-eigenschaften-eines-jeden-montessori-materials-

[14] https://deutsche-montessori-vereinigung.de/grundhaltung/

[15] https://www.herder.de/kindergarten-paedagogik/kita-leitung/handlungskonzepte-und-profile/kosmische-erziehung-montessori/

[16] https://www.montessoribayern.de/landesverband/paedagogik/m-paedagogik-in-der-praxis/kosmische-erziehung

[17] https://www.montessorischule.jena.de

[18] https://montessoriacademy.com.au/fine-motor-skills-and-montessori-education-2/

[19] https://www.edupsy.phil.fau.de/files/2023/06/Publikation21.pdf

[20] https://carrotsareorange.com/fine-motor-skills/

[21] https://greenspringmontessori.org/why-do-you-teach-letter-sounds/?fbclid=PAAaZi7kp9kTEmFKKEd4idW6YxJPf6DauqwLB4DB2jrVCSfVgFHY8VJ0HrZOg

[22] https://www.elternvommars.com/2017/11/uber-das-erste-schreiben-und-lesen-und.html

[23] https://childrenshouse-montessori.com/2021/04/19/how-do-montessori-schools-teach-reading-part-1/

[24] https://www.stiftunglesen.de/ueber-uns/forschung/studien/vorlesemonitor

[25] https://childrenshouse-montessori.com/2021/02/01/understanding-the-montessori-math-curriculum/

[26] http://www.infomontessori.com/mathematics/introduction.htm

[27] https://montessoriacademy.com.au/montessori-mathematics-early-childhood-education/

[28] https://www.herder.de/kizz/kinderbetreuung/montessori-paedagogik-die-eigenkraefte-des-kindes-foerdern/

[29] https://montessori-nuernberg.de/paedagogik/

[30] https://wunderwerkstatt.eu/montessori-diy/uebungen-des-taeglichen-lebens.html

[31] https://www.kindersprache.org/unit/kindersprache/sprachentwicklung/vierteslebensjahr

[32] https://www.stiftungnetz.ch/entwicklung-3-jaehriges-kind/

[33] https://www.erzieherin-ausbildung.de/praxis/fachpraktische-hilfe-fachtexte/fachwissen-was-koennen-kinder-welchem-alter

[34] https://www.familienhandbuch.de/babys-kinder/bildungsbereiche/soziale/EmpathieundsozialesVersteheninderenerstenLebensjahren.php

[35] https://www.kindersprache.org/unit/kindersprache/sprachentwicklung/fuenfteslebensjahr

[36] https://www.stiftungnetz.ch/entwicklung-4-jaehriges-kind/

[37] https://www.mdr.de/wissen/theory-of-mind-ab-vier-jahren-100.html#:~:text=Ja%2C%20aber%20erst%20ab%20vier,sich%20erst%20mit%20vier%20Jahren.

[38] https://www.gewuenschtestes-wunschkind.de/2013/03/empathie-wann-und-wie-erwerben-unsere.html

[39] https://www.kindersprache.org/unit/kindersprache/sprachentwicklung/sechsteslebensjahr

[40] https://www.stiftungnetz.ch/entwicklung-5-jaehriges-kind/

[41] https://www.elternvommars.com/

[42] https://www.ourmontessoriway.com/

[43] https://alovelyjourney.com/category/blog

[44] https://www.diy-inspiration-montessori.at/

[45] https://montiminis.com/category/montessori/montessori-zu-hause/

[46] https://chezmamapoule.com/alle-texte/

Este livro foi impresso pelo Lar Anália Franco (Grafilar)
nas fontes Boston e Josefin Sans sobre papel Offset 90 g/m²
para a Caminho Suave no inverno de 2024.